Expeditie Edith

Edith Bosch

Expeditie Edith

Hoe het gevecht met mezelf
goud opleverde

Ambo|Anthos
Amsterdam

De uitgever heeft ernaar gestreefd de rechten te regelen voor alle in dit boek opgenomen foto's. Degenen die desondanks menen zekere rechten te kunnen doen gelden, wordt verzocht zich alsnog tot de uitgever te wenden.

ISBN 978 90 263 3366 8
© 2016 Edith Bosch en Jasper Boks
Omslagontwerp Studio Jan de Boer
Omslagillustratie © Frank Ruiter

Verspreiding voor België:
Veen Bosch & Keuning uitgevers nv, Antwerpen

Inhoud

Voor mama, papa, Karen en Suzan

PROLOOG

2010

Het breekpunt

In een witte glitterjurk en met een tiara op mijn hoofd stap ik in de speciaal voor mij bestelde limousine. Cadeautje van mijn vriend Peter omdat ik vandaag, 31 mei 2010, dertig ben geworden. En dat wordt gevierd met een grote surpriseparty die hij samen met mijn beste vriendin Carola voor mij heeft georganiseerd.

Mijn familie en vrienden wachten mij op als ik restaurant Hello Again in Leusden binnenkom. De zaal is gezellig gemaakt met ballonnen en slingers. Iedereen heeft zich speciaal voor mij uitgedost in mooie jurken en pakken, het thema van mijn verjaardagsfeest is namelijk Glitter & Glamour.

Alle dromen die ik op mijn vijftiende had, zijn uitgekomen: mijn familie is gezond, ik heb leuke vrienden, woon samen met een lieve man in een schitterend huis in Amersfoort, Peter en ik zijn de 'ouders' van onze boxer Mila, ik heb een goede baan als manager bij NS. Ik heb het als judoka geschopt tot beste van de wereld en won olympisch zilver en brons.

Toch ben ik niet gelukkig. Ik loop rond in mijn prinsessenjurk, maar heb helemaal geen zin in dit feest. Ik voel mij zo ondankbaar. Ik loop naar de bar en bestel twee witte wijn. Eén sla ik er meteen achterover en met het tweede glas in mijn hand acteer ik blijdschap, en ik zing en dans op de dansvloer.

Ik worstel in stilte. En niet alleen vanavond, maar al bijna twee jaar. Als ik ergens voor knok, dan bereik ik het. Zo is het mijn hele leven gegaan. Altijd streef ik naar perfectie. Ik werk zo hard en geef altijd alles. Dat ik niet gelukkig ben, moet dus aan anderen liggen. Ik kijk naar Peter, zijn lange gestalte, zijn knappe kop. Voor mijn gevoel heb ik echt alles gegeven voor onze relatie. Het kán gewoon niet aan mij liggen.

Ik ga in gedachte terug naar de dag dat ik hem voor het eerst zag tijdens de Spelen van 2004, in het smoelenboek van NOC*NSF waarin fotootjes van alle olympische sporters stonden. 'Peter Schep, baanwielrenner,' had ik gelezen. Leuke vent, dacht ik meteen. Tijdens de sluitingsceremonie in Athene zocht ik hem op toen we met de Nederlandse ploeg door het Olympisch Stadion liepen. We kletsten gezellig, wisselden telefoonnummers uit en na terugkomst in Nederland kregen we een relatie en gingen we al vrij snel samenwonen.

Peter is nuchter, solide en rustig, eigenschappen die ik als spring-in-'t-veld juist zo in hem bewonderde. De laatste tijd wil ik juist dat hij enthousiaster en attenter is. Ik heb geprobeerd hem te kneden. We hebben er al een paar keer ruzie over gehad. 'Zo ben ik nu eenmaal niet,' zegt Peter elke keer.

Na afloop van het feest heeft Peter nog een verrassing voor me: hij heeft in Amersfoort een schitterende hotelkamer met jacuzzi geboekt. De kamer is romantisch verlicht met kaarsjes. Op het grote hemelbed met strakgetrokken lakens staat een dienblad met daarop een fles champagne, chocolaatjes en een vaas met een roos erin. Ik neem niet eens de moeite om verder rond te kijken, plof meteen neer op het bed. Er kan geen dankjewel van af. Peter blijft staan en kijkt mij geïrriteerd aan.

'Ik herken je niet meer, wat is er toch met je aan de hand?' vraagt hij. Hij heeft zijn pak, een gouden jasje en broek met een witte blouse, nog aan.

De opmerking is heel confronterend. Natuurlijk weet ik dat het niet goed gaat. In mijn hoofd raast al een tijd een grote wervelstorm. Maar ik wil dat niet toegeven en ga meteen in de aanval, wat ik altijd doe als ik me in het nauw gedreven voel. We kibbelen en luisteren niet naar elkaar.

Ik weet niet wat ik moet zeggen en zeg dus maar niets. Ik houd me stil. Peter wrijft met zijn hand over zijn voorhoofd en zegt dan: 'Ik heb het gevoel dat je niet meer van me houdt.'

Mijn adem stokt, ik schrik mij dood. Hij zegt hardop wat ik de laatste tijd al een paar keer heb gedacht, maar waar ik niet aan wil. Peter is een lieve, leuke vent. Hij is er altijd voor mij geweest. Waarom zou ik niet van hem houden?

Ik heb geen weerwoord, kijk hem aan, terwijl de tranen in mijn ogen schieten. 'Ik weet het niet,' zeg ik, terwijl ik zoek naar woorden. Moet ik de waarheid zeggen of ontkennen? 'Ik voel het niet,' hoor ik mezelf zeggen.

Het hoge woord is eruit. Even ben ik stil. 'Ik heb dat gevoel niet alleen bij jou. Ik voel het ook niet bij mijn familie, bij het judo en mijn werk. Ik voel helemaal niets.'

Peter laat mijn woorden even op zich inwerken en vraagt: 'Moeten we dan wel doorgaan?'

Ik kijk naar beneden, friemel een beetje ongemakkelijk aan mijn jurk. 'Ik denk het niet,' stamel ik, 'jij verdient veel beter dan wat je nu krijgt en blijkbaar kan ik het je niet geven.'

Ik staar voor me uit. Peter is overstuur. Hij wist dat er iets mis was, die signalen had ik hem indirect al wel een paar keer gegeven, maar met deze boodschap heeft hij geen moment rekening gehouden. En zeker niet op de dag dat hij een feestje voor de vrouw van zijn leven heeft georganiseerd.

Ik ga in bed liggen. Peter gaat naar de badkamer, belt daar met Carola, die samen met mijn zussen in ons huis logeert. 'Wat moet ik hier nu mee?' hoor ik hem nog vragen. Ik ben zo moe. Niet veel later val ik in slaap.

Om halfzeven word ik wakker met een gigantische kater. Meteen komt het gesprek van vannacht weer omhoog; ik heb het niet gedroomd, het was de bittere realiteit. De hotelkamer wordt meteen gevuld door de bedrukte sfeer.

Ik draai mij om en kijk naar Peter. Ik weet niet goed wat ik moet zeggen. Voorzichtig informeer ik hoe het met hem gaat. 'Ik heb geen oog dichtgedaan,' antwoordt hij. Ik baal van mezelf als ik hem zo aangeslagen zie. Er vallen ongemakkelijke stiltes. We willen zo snel mogelijk weg uit de kamer waarvan Peter toen hij hem boekte vast dacht dat hij er een romantische, gezellige nacht ging hebben.

In de auto op weg naar huis kijken we allebei strak voor ons uit. Peter heeft zijn handen om het stuur geklemd. Ik heb een steen in mijn maag. Bij het idee dat ik zo mijn familie en vrienden onder ogen moet komen, zeggen wat er is gebeurd en, nog veel belangrijker, vertellen hoe ik mij voel, kan ik wel janken.

Als we door de gang naar de woonkeuken lopen zit iedereen aan de grote eettafel. Blikken gaan van mij naar Peter en weer terug. De sfeer is gespannen.

Mijn zussen Karen en Suzan, Carola en een goede vriend van Peter wachten ons op en kijken ons ongeduldig aan. Het is door het telefoontje van Peter vannacht duidelijk dat er iets flink mis is. Veel gesproken wordt er niet; het gaat al helemaal niet over het feest.

Ik loop naar de kop van de tafel en ga zitten. Er komt piepend 'hallo' bij me uit. Peter blijft staan, tranen rollen over zijn wangen. Er wordt thee ingeschonken. Het is akelig stil. Alle ogen zijn op mij gericht. Mijn oudste zus verbreekt de stilte. 'Edith, wat is er aan de hand?'

'Ik weet het niet meer, ik ben niet gelukkig.' Ik schaam mij als ik het zeg, vertel wat ik Peter ook heb verteld: dat ik niets voel. 'Ik loop al een tijdje rond met een verstikkend gevoel en ben helemaal in de war.'

Ik vertel dat ik niet weet hoe het komt dat ik me zo voel. Maar er moet iets gebeuren. Ik vertel dat ik denk niet meer met Peter te willen zijn.

Karen is de eerste die reageert. Ze is emotioneel en boos. 'Je bent een leuke vrouw, ziet er goed uit, hebt een leuke vent die zielsveel van je houdt. Je hebt succes als sporter, woont in een mooi huis, hebt een fijne baan. Je kunt wel roepen dat het aan de hele wereld ligt, maar het is verdorie tijd dat jij zelf eens in de spiegel kijkt.'

De woorden van mijn twee jaar oudere zus snijden mij door de ziel. Karen heeft verdomme gelijk, het ligt gewoon aan mij. Ik sla mijn handen voor m'n ogen en begin te huilen.

De vriend van Peter staat op. Hij is boos. Zonder naar mij te kijken en met tranen in zijn ogen zegt hij tegen Peter: 'Dit geloof je toch niet? Ik vind dit zo erg. Ik ben weg.' Hij trekt zijn jas aan en vertrekt. Er valt niet veel meer te zeggen.

Mijn zussen gaan niet veel later en zeggen tegen mij dat ik in de staat waarin ik verkeer niet zulke rigoureuze beslissingen moet nemen. 'Het is nog niet te laat, toch?' vraagt Suzan. Ze kijkt mij hoopvol aan. Ik knik, maar weet dat er geen weg meer terug is. Ik loop naar boven en ga in ons bed liggen.

Wat is er met mij aan de hand? Waarom ben ik niet gelukkig? Waarom voel ik mij zo vlak? Die zinnen blijven zich maar herhalen in mijn hoofd als ik mijn ogen sluit. En af en toe hoor ik de stem van Karen weer zeggen: 'Het is verdorie tijd dat jij zelf in de spiegel kijkt.'

Carola komt nog even bij mij, ze is lief voor mij. Ik lig op mijn zij, staar stoïcijns voor mij uit. Tranen rollen over mijn wangen. Als zij weg is, is het stil en ben ik alleen. Na een tijd komt Peter naar boven. Hij gaat naast mij zitten en maakt een grapje waarom we allebei ondanks alles kunnen lachen. Maar o wat slaat hij de spijker op z'n kop als hij zegt: 'Vervelend hè, dat je erachter komt dat je niet perfect bent.'

1

1980-1991

Moederskind

Ik dans voor de spiegel, de roze borstel in m'n hand moet een microfoon voorstellen. '*Come on, vogue. Let your body move to the music,*' klinkt het uit de cd-recorder en uit mijn mond. De moves van Madonna heb ik afgekeken van haar videoclip, die ik al vaak op MTV voorbij heb zien komen. Niet alleen 'Vogue', ook 'Papa don't preach', 'Like a virgin' en 'Holiday' kan ik woord voor woord meezingen; haar cd met de grootste hits heb ik grijsgedraaid.

Als ik mijn ogen sluit, draag ik niet de door Karen en Suzan afgedragen kleding, maar een mooi zwart pak zoals Madonna. En ik sta niet in mijn piepkleine slaapkamer met rozewolkjesbehang, maar op een groot podium met dansers om mij heen. De speelgoedvarkentjes en de knuffelberen die ik spaar en die overal in mijn kamertje liggen, veranderen in mijn gedachten in fans die vol bewondering mijn naam schreeuwen.

Ik ga vaak naar mijn kamer boven als ik thuiskom uit school, ben graag op mezelf. Nu ben ik nog maar elf, maar op mijn kamer fantaseer ik over de Edith die ik ooit wil zijn: een ster. In dat wereldje van nog geen vier vierkante meter ben ik het gelukkigst, daar is alles mooi.

Ik krijg op school vaak op m'n kop. Dat begon al op de peuterspeelzaal. Ik was niet alleen erg druk, maar ook groot en sterk voor mijn leeftijd. De juf vertelde mijn moeder op een dag dat het beter was dat ik thuisbleef; ik maakte de andere kinderen vaak aan het huilen en pakte hun speelgoed af. Terwijl iedereen van mijn leeftijd naar school ging, bleef ik een halfjaar thuis bij mijn moeder voordat ik op mijn vierde naar de kleuterschool mocht.

Mijn moeder heeft mij verteld dat het geboortevlies nog om mijn hoofd zat toen ik werd geboren. Met de helm op geboren, heet dat. Moest ik hard om lachen toen ze dat zei. Volgens haar zijn het speciale kinderen, die over bijzondere krachten beschikken. Mijn geboorte ging te snel voor de vroedvrouw. Mijn moeder belde haar en toen ze aankwam, was ik er al bijna. Met de woorden dat ze dit niet in het rapport kon schrijven, duwde ze me terug. Vlak daarna kwam ik ter wereld. Toen was ik dus al niet te houden.

Ik kan erg slecht tegen niet-natuurlijke kleurstoffen en E-nummers. Als ik die krijg, ga ik na een halfuur tekeer als een stuiterbal. Op de basisschool in Den Helder zag ik de meester of de juffrouw vaak streng naar mij kijken. Ze zeiden dat ik een grote mond had en niet luisterde. Veel vriendjes en vriendinnetjes heb ik nog steeds niet op school, de meesten zijn bang voor mij. Ik kan soms ook best boos worden. Zeker als mijn klasgenootjes niet naar mij luisteren. Dan begin ik ze te slaan of te pesten. Volgens de consulent die ik vaak moet bezoeken, komen mijn driftbuien doordat ik mij onbegrepen voel.

Met mijn twee en drie jaar oudere zussen Karen en Suzan trek ik veel op. We zitten vaak bij elkaar op de slaapkamer waar we met de poppen van Suzan spelen. Suzan maakt de mooiste kapsels, de poppen krijgen vlechten waar ik vol ontzag over ben. En elke zaterdagochtend kijken we met z'n drietjes naar

Telekids. Maar ook de afleveringen van het *Jeugdjournaal, De Snorkels, De Freggels, Alf, Nils Holgersson* missen we niet.

We wonen aan de Spoorgracht in Den Helder. Het rijtjeshuisje met de witte gevel en het grote raam aan de straatkant is door mijn vader helemaal verbouwd toen ik heel jong was. We hebben een kurken vloer en de muren zijn van rood steen.

Mijn zussen en ik spelen ook geregeld samen buiten. Alle drie zijn we goed in knikkeren. Intens gelukkig ben ik als ik weer een paar bonken, spikkels, meteorietjes of reuzenbonken heb gewonnen op het schoolplein. Vol trots laat ik de opbrengst bij thuiskomst altijd aan Karen en Suzan zien en verlekkerd kijk ik naar hun vangst. Maar o wee, als ik verloren heb, dan ga ik zitten mokken op de stoffen bank of ik ga na thuiskomst meteen de trap in de hal op, naar mijn slaapkamer.

Op zaterdagochtend gaan we vaak met onze ouders naar de markt; voor we teruggaan krijgen we een portie kibbeling. En op zondag gaan we langs bij opa en oma, die ook in Den Helder wonen. Ik moet daar stil zitten en zachtjes praten en ben blij als mijn vader of moeder zegt dat we naar huis gaan.

De jaarlijkse hoogtepunten zijn Sinterklaas, de kerstboom versieren en Sint-Maarten. Op 11 november gaan we met onze zelfgemaakte lampionnen de deuren langs. 'Elf november is de dag, dat ik mijn lichtje branden mag,' zingen we luid. Bij elke deur is het weer spannend. Wat voor snoep zullen we hier krijgen? Karen, Suzan en ik hebben vooraf al een hele route uitgestippeld en die voert uiteraard ook langs de snackbar in de buurt, waar we een frikadel krijgen. Thuis stallen we al het buitgemaakte snoep op tafel uit en krijgen we van mijn ouders een uur de tijd om zo veel mogelijk snoep te eten. Alles wat overblijft gaat bij elkaar in een grote pot.

In de zomervakantie gaan we met z'n drieën een weekje op Jevak, een kamp waar we hutten van oud hout bouwen. Andere kinderen gaan op vakantie, wij veel minder. Mijn vader is meestal weg tijdens de schoolvakanties en van mijn moeder heb ik begrepen dat er geen geld voor is. We zijn een paar keer met de vouwcaravan naar België geweest. De auto zat helemaal volgepropt. Wij zaten met z'n drieën op de achterbank en onze honden, rottweiler Philo en Hector de teckel, moesten er ook nog bij. Geweldig vond ik het op de camping. Mijn zussen en ik deelden een tent. We lazen urenlang in dikke Penny-vakantieboeken. Elke ochtend haalden we vers brood bij de bakker. We gingen naar kinderdisco's, deden mee aan zwemwedstrijden, renden door het graanveld met Philo. Mijn zussen en ik ruziën geregeld over de vraag wie de afwas moet doen.

Met mijn zussen strijd en ruzie ik thuis ook geregeld, vooral met Suzan. Een potje stoeien eindigt bij ons vaak in een vechtpartij. Karen is de oudste en slimste en Suzan en ik strijden vaak met elkaar om op de kamer van onze grote zus te mogen spelen. Suzan kan als geen ander het bloed onder mijn nagels vandaan halen, gaat net zo lang door met pesten en uitdagen totdat ik mij niet meer kan beheersen. Ik smeet een keer de muziekstandaard naar haar hoofd. Suzan bukte en de standaard ging door een ruitje. Ze zei meteen: 'Dat ga ik tegen mama zeggen!' Kreeg ik flink op m'n kop.

Als Karen, Suzan en ik elkaar in de haren vliegen worden we naar de gang gestuurd. De visite vraagt zich geregeld af of we elkaar niet zullen vermoorden. Mijn moeder zegt dan altijd: 'Er vallen drie klappen, dan gaat er één huilen en is het voorbij.'

Ik ben wel een kei in ruziemaken, maar in sorry zeggen en troosten ben ik helemaal niet goed. Het is dat het soms van m'n moeder moet, dan krijg ik het met moeite over m'n lippen.

Mijn moeder is een lange, magere vrouw met lang blond haar en een expressief gezicht. Ze is een zorgzame vrouw, houdt het gezin met drie kinderen en twee honden draaiende en heeft daar haar handen meer dan vol aan. Als we thuiskomen uit school heeft ze limonade en een biscuitje voor ons en ze vraagt wat we hebben geleerd. Ze kookt bijna altijd Hollandse pot voor ons; aardappels, groente en vlees. Vrijdag is bij ons soepdag en op zaterdag mogen we patatjes eten.

Ik vertel mijn moeder bijna alles. Alles wat ik niet zeg, heeft ze door. Liegen tegen mijn moeder lukt mij niet. Ze ziet het gewoon aan mij en dat vind ik stom. Ze weet ook precies hoe ze mij aan moet pakken. Knuffelen met mijn moeder vind ik heerlijk. Vaak kruip ik bij haar op schoot en als mijn vader weg is, slaap ik geregeld bij haar in bed.

We zijn vaak met z'n vieren thuis. En natuurlijk met onze oranjekleurige Russische dwerghamster Teddy en de twee honden. Mijn vader werkt bij de marine, daarom wonen we in Den Helder. Hij is daardoor voor zijn werk negen maanden per jaar van huis. Dat hij zoveel werkt, is een bewuste keuze van mijn ouders: als mijn vader veel gaat varen in de eerste tien jaar van ons leven zal hij aan wal kunnen werken als wij gaan puberen. Als hij op zee is, maken mijn zussen en ik tekeningen voor mijn vader die mijn moeder opstuurt. Als de postbode langskomt rennen we naar de brievenbus om te kijken of er iets van mijn vader bij zit, maar soms moeten we wel drie weken wachten.

Voor mijn moeder is het niet makkelijk dat ze er vaak alleen voor staat, maar daar probeert ze aan ons niets van te laten merken. Mijn zussen en ik hebben zelfs een keer een halfjaar met haar bij mijn opa en oma gewoond toen ik een baby was, omdat mijn moeder niet alleen wilde zijn. Volgens mijn oma weigerde ik in het begin naar haar te lachen, al ging ze op haar hoofd staan. Dat deed ik alleen naar mijn moeder.

Mijn moeder is altijd erg blij als mijn vader weer thuis is, maar voor mij is het wennen. Mag ik niet meer bij haar in bed slapen. Het huisje waar we wonen is al piepklein, en met mijn vader erbij is het nog voller. Zitten we ineens met vijf mensen aan de eikenhouten tafel met het groene kleed. Het lastigste is dat hij meteen de baas gaat spelen. Ineens moeten we van mijn vader om halfvijf, en geen minuut later, het huis opruimen. 'Ik hou niet van rommel,' zegt hij dan. 'Van mama hoeft dat nooit,' zeg ik als hij me weer een opdracht geeft. Nou, dat vindt hij dus niet leuk, dat ik tegen hem in ga. Hij kan erg kwaad worden als wij niet precies doen wat hij zegt. 'Dat wil je vader nu eenmaal gewoon zo,' zegt mijn moeder vaak als ik vraag waarom alles ineens volgens zijn regels moet.

De eerste dagen nadat hij terug is, denk ik vaak: jammer dat hij er weer is. Daarna raak ik beetje bij beetje weer aan hem gewend. Hij zegt altijd wat hij vindt en geeft mij advies. Als ik iets doe, zegt hij vaak: 'Doe je dat zo? Dat kun je beter op deze manier doen, zo doe ik het ook altijd.' Ik vind mijn vader heel slim, want alles wat hij zegt, klopt. Het is alleen vervelend als ik moet huilen. Mijn vader begint te lachen of hij wordt boos en zegt: 'Wat schiet je nou op met huilen?' Ik neem mij voor om zo min mogelijk te huilen en sterk te zijn.

Hoe langer hij thuis is, des te vaker vraag ik mijn vader om hulp. Hij is duidelijk en daar word ik rustig van. Het is heel leuk om niet alleen een moeder te hebben, denk ik dan bij mezelf.

Als ik helemaal gewend ben aan hem, moet hij weer voor lange tijd weg. En dan mis ik hem in het begin juist vreselijk, moet ik het weer doen zonder zijn adviezen. Ik zeg vaak tegen mijn moeder dat ik het stom vind dat het bij ons thuis zo gaat.

Mijn zussen vraag ik niet om hulp, daar ben ik te trots voor. Ik kijk wel goed naar wat ze doen en aap ze na. Karen en Suzan hebben een kuif, dus moet ik er ook een. De bussen haarlak zijn niet aan te slepen in huize Bosch. Natuurlijk dagen we elkaar uit wie de grootste en mooiste kuif kan touperen. Alle drie hebben we uiteindelijk een kapsel waarmee we vliegen kunnen vangen. Op een dag is het zover: Karen heeft een spartelende vlieg in haar haar. We lachen er hard om met z'n allen.

We doen alle drie aan judo bij Dun Hong in Den Helder. Op mijn zevende heb ik nog heel even op ballet gezeten. Het was mijn droom om balletdanseres te worden. Ik moest er zelfs eerst voor op een wachtlijst. Wat was ik opgewonden toen ik samen met mijn moeder de balletschool in liep. De juffrouw zei tegen alle ouders dat ze nog geen tutu moesten kopen, omdat meer dan de helft van de kinderen snel zou afhaken.

Het dikke meisje naast mij kreeg van de lerares steeds te horen dat ze het zo goed deed, terwijl ze bij mij steeds mijn been omhoogtilde. Het stilstaan in bepaalde posities vond ik niet leuk. Alles moest heel strak en recht zijn, en daar was ik veel te beweeglijk voor. Na een paar weken stopte ik ermee en wist ik niet goed wat ik dan wel wilde doen.

Mijn moeder stelde voor dat Suzan en ik eens naar Karen zouden gaan kijken. Die zat al op judo. Na één les gekeken te hebben, hees ik mij voor het eerst in het oude judopak van mijn zus en ging ik judoën. Ik vond het meteen helemaal iets voor mij: hier mocht ik lekker stoeien, net zo lang tot ik niet meer kon. Duwen, trekken en sjorren: geweldig!

Samen met mijn zussen fiets ik elke woensdag- en vrijdagmiddag naar de training. Ik probeer de oefeningen altijd heel goed te doen. Ik glim van trots als de trainer me een compliment geeft. Als hij dat doet, kijk ik altijd meteen naar Karen en Suzan. Ik let vooral op Karen, kijk stiekem een beetje tegen haar op. Als ik moe ben, denk ik altijd: doorgaan, ik moet net zo goed worden als mijn oudste zus. We lopen elkaar ook steeds uit te dagen. Suzan doet daar niet aan mee. 'Ik hoef niet per se te winnen, hoor,' zegt ze. Daar snap ik niks van. Suzan stopt als eerste met judo, ze is meer van de scouting en de drumband.

Voordat ze stopt, verlies ik nog wel een wedstrijdje van haar. Eigenlijk heeft het niets met judoën te maken wat we doen, we staan gewoon met elkaar te vechten op de mat zoals we dat thuis ook doen, met slaan en trappen erbij. Die nederlaag komt hard aan bij mij. Van mijn zus verliezen is verschrikkelijk. Thuis wordt die wedstrijd tegen Suzan tot mijn grote frustratie nog vaak besproken.

In de zomer gaan Karen en ik een weekje op judokamp. Ik zit niet bij mijn zus in de groep, zij zit bij de oudere meiden. Als ik naar haar toe ga, vindt ze dat niet zo leuk. Ze schaamt zich in het bijzijn van haar leeftijdgenoten een beetje voor haar jongere zusje. Het hoogtepunt van de week is dat we les krijgen van een echte judotopper. Bij ons is dat Anthonie Wurth, een Nederlandse judoka die in 1991 Europees kampioen werd en mee heeft gedaan aan de Olympische Spelen van 1992.

Op een dag valt er een brief van de judobond in de bus met de naam van Karen erop. Ze mag meetrainen met de nationale selectie. Ik ben hartstikke jaloers. Mijn moeder zegt dat Karen al veertien is en ik nog maar elf. 'Je moet gewoon meegaan met Karen en vragen of je ook mee mag trainen.'

Maar geen haar op m'n hoofd die daaraan dacht. Ik ging er alleen heen als ik zelf werd uitgenodigd, ik moest het zelf verdienen. En daar ging ik voor zorgen ook.

2

1987-1994

Een verbroken vriendschap

Merel is mijn hartsvriendin. We zitten allebei op judo en trainen altijd met elkaar. En op de momenten dat we elkaar niet zien, schrijven we briefjes waarin we onze avonturen aan elkaar vertellen.

Merel zit ook op zeilen. Ik vind het reuzeknap hoe ze in zo'n bootje kan varen. Haar ouders hebben ook een zeilboot, en ik mag af en toe meezeilen. Ik vind het best eng, maar wat is het heerlijk om op het water te zijn. Het is een heel andere, mooie wereld. De hele dag de zon en wind op m'n gezicht.

We zijn even oud, maar Merel is een kop kleiner dan ik. Ze heeft grote blauwe ogen en draagt haar dikke donkerblonde haar bijna altijd in een lange vlecht. Ik ben lang en heb kort haar. Onze karakters lijken helemaal niet op elkaar; Merel is rustig en een beetje verlegen, terwijl ik juist heel aanwezig ben.

We zitten vaak te tekenen achter het bureautje op haar kleine, wat donkere slaapkamer. Of we kletsen, terwijl we op haar bed zitten. Maar het liefst zitten we op zolder, waar het door de klapramen altijd erg licht is. Daar staat de Nintendo onder de schuine kant van het puntdak; we zijn verslaafd aan 'Super Mario Brothers'.

Dat we meestal boven zijn heeft ook te maken met de vader van Merel. Hij is bijna altijd thuis en houdt ons voortdurend in de gaten. Hij heeft kort, grijs haar, een grijze baard en kijkt ons altijd nors aan door zijn zwarte bril met vierkant montuur. Ik loop op mijn tenen en praat zachtjes als hij thuis is, en ik merk dat Merel dan nog rustiger is dan normaal. Haar vader is streng en geeft soms vreemde straffen. Merel moet soms een hap sambal eten als ze iets heeft gedaan wat niet mag. Ik vraag vaak aan haar waarom ze dat moet doen, want ik vind het maar raar. Ze zegt er niet zoveel op, heeft het er liever niet over. Op een dag vertelt ze: 'Mijn vader is overspannen en daarom is hij zoveel thuis.'

Ik snap nu waarom hij zo snel geïrriteerd is. Het is voor hem al snel te druk, zeker als ik er ben. Hij vraagt vaak of we niet buiten kunnen gaan spelen.

Op een zomerdag zitten Merel en ik weer achter de spelcomputer bij haar op zolder. We kletsen ondertussen honderduit. De vader van Merel komt de trap op, waardoor ons gesprek automatisch stopt, zoals zo vaak als hij in de buurt is.

'Je moet je kamer opruimen,' zegt hij tegen Merel.

'We zijn nog bezig met het computerspelletje,' antwoordt ze.

'Je moet het nu doen en ik heb geen zin in een discussie,' antwoordt haar vader. Hij begint steeds harder te praten, wordt boos. Hij kijkt mij aan door zijn zwarte bril.

'Jij moet nu naar huis,' zegt hij op strenge toon tegen mij. 'Voorlopig hoef ik je hier niet meer te zien.' Hij zegt dat ik te overheersend ben. 'Eigenlijk wil ik niet dat je nog met Merel omgaat.'

Ik ben perplex, kijk hem verbaasd aan en weet niets uit te brengen. Ik kijk naar Merel, hoop dat ze tegen haar vader in gaat. Ze kijkt verschrikt en bang, maar houdt haar mond. Ik pak mijn spullen, Merel doet en zegt niets.

Ik zeg ook niets als ik de trap af loop. Merel loopt achter mij aan en kijkt verdrietig. Als we in de tuin zijn blijven we heel even staan bij de schommel. 'Waarom gebeurt dit?' vraag ik. Merel geeft geen antwoord, haalt alleen haar schouders op.

Ik begin te huilen, spring op m'n fiets en rijd zo snel als ik kan naar huis. Mijn moeder vangt mij thuis op, ik vertel door mijn tranen heen wat er is gebeurd. Ze zegt dat ik het vast verkeerd heb begrepen. 'Het werd hem even te veel en morgen mag je vast weer naar Merel toe.'

Ze pakt de telefoon en gaat met de vader van Merel in gesprek; ik hoor mijn moeder op een gegeven moment zeggen: 'Dus mijn dochter heeft het niet verkeerd begrepen.'

Het besluit staat vast: ik mag geen contact meer met Merel hebben. Mijn moeder probeert me op te beuren, maar ik ben ontroostbaar. Op mijn veertiende is de vriendschap met Merel na zeven jaar ineens voorbij.

Ik ben een tijd van de kaart, al probeer ik mij tegenover mijn vader, moeder en zussen groot te houden. Vooral in het bijzijn van mijn vader moet ik flink zijn, anders zal hij me weer uitlachen of op strenge toon zeggen: 'Wat schiet je nou op met huilen?'

Tijdens de zomervakantie die volgt, zit ik vaak in mijn eentje thuis. 's Avonds in bed of als ik in mijn eentje op m'n kamer ben, huil ik van verdriet en boosheid. Ik snap niet dat iemand met wie ik zoveel deelde mij ineens in de steek laat. Ik voel mij verraden.

Na de vakantie zie ik Merel niet meer op de training. Niet veel later hoor ik dat ze is gestopt met judo. Mag ze van haar vader ook niet meer op judo omdat ik daar ben?

Een paar weken later kom ik Merel voor het eerst in drie maanden weer tegen in de stad. Ze is samen met een paar andere meiden en ik ben alleen. Ik zeg hoi, probeer uit te stralen dat het mij niets doet dat ik haar zie en loop door. Eigenlijk wil ik omkeren en net zo met haar praten als voorheen. En ik wil weten waarom ze niets heeft gezegd toen haar vader mij wegstuurde, maar durf het niet te vragen.

Ik geloof echt dat ik niet leuk genoeg ben en laat niemand meer dichtbij. Zolang ik mij niet aan iemand hecht, kan ik ook niet in de steek gelaten worden. Ik stort mij volledig op het judo. Judo kan niet, zoals Merel, mij ineens de rug toekeren. En als ik de beste word met judo, krijg ik vanzelf vrienden.

Maar als ik een goede judoka wil worden, moet ik ook sterk en stoer zijn. De speelgoedvarkentjes die ik jarenlang heb gespaard, doe ik in een grote doos. Net als alle knuffelberen. Het rozewolkjesbehang in mijn slaapkamer kan ook niet meer. Ik heb het geluk dat mijn zus op haar zeventiende uit huis gaat: mag ik verhuizen naar haar kamer met kakikleurig behang. Ik besluit niet langer bij mijn moeder op schoot te gaan zitten of bij haar in bed te kruipen. Mijn moeder snapt het niet en vraagt: 'Je knuffelt helemaal niet meer met mij. Wat is er aan de hand?'

Mijn leeftijdgenoten zijn bezig met jongens, studeren het dansje bij de zomerhit 'Macarena' in en gaan op stap. In mijn leven draait het om judo, judo en nog eens judo. Helemaal niets mag mijn ontwikkeling in de weg staan.

Ook de verbroken verkering van Suzan niet. Keer op keer draait ze 's avonds 'Waarom nou jij' van Marco Borsato. Snikkend luistert ze naar de tekst die speciaal voor haar geschreven lijkt te zijn. 'Waarom ben jij hier uit m'n leven. Waarom ben jij nou niet gebleven. Waarom wou jij mij niets meer geven. Waarom ben jij vertrokken zonder reden.' Ik vind het heel rot voor haar dat het uit is met haar vriendje, maar ik kan dat niet uit mijn mond krijgen. Wat ik wel kan zeggen, is: 'Kap nou eens met dat gejank en met die muziek, ik word er gek van.'

De judobekers nemen op mijn slaapkamer de plaats in van

de knuffelberen en ik krijg, net als Karen, ook een brief van de judobond om met de nationale selectie te trainen. Dit keer heb ik het zelf verdiend om mee te trainen. Het zijn tastbare bewijzen dat mijn aanpak loont. Door de successen voel ik mij voor het eerst sinds de breuk met Merel weer goed over mezelf. Mensen geven mij schouderklopjes, ik doe ertoe.

3

1995-1997

Zusterstrijd

Op mijn vijftiende stap ik over naar de gewichtsklasse tot 66 kilogram. Karen doet hetzelfde; ze is al een keer tweede geworden bij de senioren in de categorie tot 61 kilo, maar kan het afvallen niet meer opbrengen.

Karen en ik trainen niet meer samen; zij is op haar zeventiende uit huis gegaan, studeert in Nijmegen en is daar gaan trainen bij oud-bondscoach Willem Visser. Hoe lang zal het duren voordat Karen en ik het tegen elkaar op moeten gaan nemen in een officiële wedstrijd?

We doen in 1995 allebei mee aan de kwalificatiewedstrijden voor de Nederlandse kampioenschappen, die in alle districten van Nederland worden gehouden. Karen plaatst zich namens het district Midden-Nederland en ik voor Noord-Holland.

Mijn vader en moeder praten veel over het komende NK, ze beginnen over verschillende scenario's. Mijn zus heeft een status van NOC*NSF, voor haar is het belangrijk om een medaille te winnen op het NK om geld van de sportkoepel te blijven ontvangen. Ik woon nog thuis en ben dus niet afhankelijk van deze financiële bijdrage.

'Als Karen verliest, dan is dat heel vervelend,' zegt mijn moeder de eerste keer tijdens het avondeten.

Ik geloof mijn oren niet. 'Hoe kun je nu zeggen dat het NK

voor mij minder belangrijk is? Voor mij is het dat juist wél,' zeg ik. Tussen Karen en mij is het nooit uitgesproken, maar van mijn kant is er duidelijk een concurrentiestrijd. Ik wil beter zijn dan mijn zus.

Het wordt niet rechtstreeks tegen mij gezegd, maar ik begrijp donders goed de boodschap van mijn ouders: mocht de situatie zich voordoen dan zien ze liever dat Karen van mij wint. 'Dat maakt het voor Karen een stuk makkelijker,' hoor ik mijn moeder zeggen. Ik heb meteen geen honger meer.

De dagen daarna blijft vooral mijn moeder hameren op de noodzaak van een medaille bij het NK voor mijn zus. Ze benadrukt dat het voor mij allemaal nog niet belangrijk is. 'Jouw tijd komt nog wel,' zegt ze steeds. Ik vind het niet leuk dat het telkens wordt gezegd, weet niet goed wat ik moet zeggen. Ik kan wel janken.

Een paar dagen voor het NK wordt de loting bekend. We staan niet aan dezelfde kant van het schema, dat maakt de kans kleiner dat we het tegen elkaar zullen moeten opnemen. Ik ben opgelucht.

Op 25 november 1995 is het zover: mijn eerste NK bij de senioren. Ik ben stikzenuwachtig als ik de Maaspoort in Den Bosch in loop, maar het toernooi gaat hartstikke goed. Ik haal de halve finale en daarin moet ik tegen Daniëlle Vriezema; zij was al Europees kampioen bij de junioren en is drie jaar ouder dan ik. Karen heeft in de kwartfinale verloren en moet de herkansingsronde in.

Ik verlies van Vriezema, maar maak nog kans op brons. Ik moet het opnemen tegen de winnaar van de herkansingsronde en dat is… Karen.

Mijn vader en moeder zitten op de tribune. Ik hoop dat ze tussentijds hebben ingezien dat ze niet van mij kunnen vragen om minder mijn best te doen tegen mijn zus. Dat blijkt niet het geval. In de pauze voor de beladen wedstrijd komt mijn moeder naar me toe. 'Je moet het zelf weten hoor, maar je weet hoe belangrijk dit NK is voor Karen, hè?'

Wat moet ik nou? Jaren heb ik op deze kans gewacht. Dolgraag wil ik van Karen winnen, maar ik kan het niet maken, want dan stel ik mijn vader en moeder teleur en doe ik mijn zus heel veel pijn. Als Karen haar status bij NOC*NSF kwijtraakt, is het mijn schuld, schiet door mijn hoofd.

Ik kijk meerdere keren naar Karen en naar mijn vader en moeder op de tribune, pieker me suf. Ik zucht diep.

'Edith, je mag niet winnen. Het kán niet. Klaar,' zo spreek ik mezelf toe. Wat voelt het slecht! Maar ik heb besloten dat ik geen keus heb. Tegen mijn coach zeg ik niets. Ik zou niet weten hoe ik moet uitleggen dat ik mijn zus ga laten winnen. Ik stap op Karen af. We hebben elkaar de hele dag ontweken. Ook nu is het een rare en ongemakkelijke situatie. 'Wat zullen we doen? Hoe zal ik van je verliezen? Het beste is dat het met een houdgreep gebeurt,' opper ik, 'maak jij dan eerst een beenworp?'

'Ja, ja, dat is inderdaad het best,' knikt Karen.

We besluiten dat het een binnenwaartse beenhaak gaat worden die zorgt dat we op de grond komen, waarna Karen me meteen in een houdgreep pakt.

'Oké, dan is dat duidelijk,' zeg ik en keer me om en loop weg.

Op het moment dat we de mat op lopen voel ik me slecht en ben ik op van de spanning. Raar eigenlijk, want ik weet hoe deze wedstrijd af gaat lopen. Ik maak mij meer druk over wat de mensen zullen zeggen. Zouden ze kunnen zien dat het afgesproken werk is? Aan de ene kant hoop ik van wel, ik wil dat iedereen ziet dat ik eigenlijk beter ben. Aan de andere kant hoop ik van niet. Ik schaam me voor wat we nu gaan doen.

Anderhalve minuut proberen we nog de schijn op te houden door net te doen alsof we er vol voor gaan. Ik val aan, maar ik moet niet scoren en zeker geen ippon maken. Dit is gewoon de omgekeerde wereld. Op een gegeven moment hebben we elkaar vast. Dit is het moment. 'Nu,' zeg ik, zonder dat ik mijn lippen probeer te bewegen... Karen maakt meteen een beenworp die ik normaal gesproken met gemak tegen kan houden. Het lijkt of ik struikel. Ik val op mijn kont en rol door. '*Yuko*,' zegt de scheidsrechter. Het duurt voor m'n gevoel een eeuwigheid voordat Karen op mij ligt en de houdgreep pakt.

Iedereen heeft toch gezien dat dit niet klopt, schiet door mijn hoofd.

De scheidsrechter geeft het teken van de houdgreep aan en roept: '*Ossae komi!*' Daar lig ik dan, dertig ellenlange seconden. Ik moet nog wel de indruk wekken dat ik uit de houdgreep probeer te komen, bedenk ik me. Ik beweeg, maar niet te heftig. 'Dit is zo stom,' murmel ik.

Het is eindelijk voorbij. Ik heb verloren, sta op en loop terug naar mijn plek. Mijn zus wordt derde van Nederland, ik moet het doen met plek vijf. We groeten af en Karen en ik geven elkaar een hand. Zonder iets te zeggen stap ik de mat af. Ik werp een schuine blik omhoog, naar mijn vader en moeder. Ik zie ze kijken, maar ze doen niets. Ik denk bij mezelf: Wat had je dan verwacht? Dat ze een duim op zouden steken?

Judocoach Jan de Rooij komt hoofdschuddend op mij af. 'Dit is afgesproken werk,' zegt hij, 'jij gaat er altijd volle bak voor en hebt je nu ingehouden.' Dolgraag wil ik roepen dat hij gelijk heeft, maar ik houd mijn mond.

De impact van het NK is groot. Verschillende emoties vechten om voorrang: woede, verdriet, teleurstelling en frustratie. Ik vind het slap dat ik niet voor mezelf ben opgekomen en voel me gekwetst dat mijn vader en moeder zo op mij hebben lopen inpraten. 'Jouw tijd komt nog wel,' blijven ze ook na het NK zeggen. Ik voel me niet serieus genomen.

Ik kijk niet meer op tegen Karen, zie haar vanaf nu als mijn grootste concurrent. Ik neem mij voor dat ik er alles aan ga doen om de volgende keer van haar te winnen. Dit wat ik net heb gedaan, doe ik nooit meer.

Ik wil aan iedereen laten zien dat ik beter ben dan Karen, ga als een bezetene tekeer tijdens trainingen. Ik ga pas de mat af als ik helemaal leeg ben, ga soms zelfs door tot ik moet kotsen.

Ik ontwikkel me snel. Dat bewijs lever ik bij het WK voor junioren in Porto. 'Veel plezier,' zeiden mijn vader en moeder voor vertrek. Dat schoot bij mij in het verkeerde keelgat. 'Plezier? Ik ga erheen om te winnen! Denken jullie soms niet dat ik het kan?'

Er zit zoveel woede en bewijsdrang in mij. Bij mijn debuut verover ik meteen de wereldtitel.

Na een jaar wachten krijg ik bij een toernooi in Venray mijn kans op revanche; Karen en ik halen allebei de finale. Dit keer zijn er geen stalorders, mijn vader en moeder houden wijselijk hun mond. Ze hebben na het NK toegegeven dat het niet slim was zich met de wedstrijd te bemoeien.

De adrenaline spuit uit mijn oren als we de mat op stappen. Langs de kant van de mat staat judoënd Nederland nieuwsgierig te wachten: deze zusterstrijd willen ze niet missen.

Ik storm op Karen af, grijp haar keihard in haar nek vast en begin haar te ontregelen. Ik trek, duw, maak beenvegen die nog het meest weg hebben van schoppen. Karen kan niet anders dan proberen mijn aanvallen te pareren en zich los te rukken, maar ontsnappen laat ik haar niet. Halverwege staat het nog steeds gelijk. Ik zet een beenworp in en plaats mijn linkerbeen achter dat van Karen en trek zo hard als ik kan aan haar bovenlichaam. In een draaiende beweging trek ik haar over mijn been heen. Ze probeert me met alles wat ze in zich heeft tegen te houden. Tevergeefs. Op weg naar de grond hoor ik haar gillen. Ze valt op de grond, ik zie meteen haar van pijn vertrokken gezicht en schrik. Wat ze precies heeft, weet ik niet. De scheidsrechter geeft aan dat ik een yuko gescoord heb.

Ik blijf heel even staan, twijfel. Daarna denk ik: eerst winnen en dan zie ik het wel. Ik neem Karen in de houdgreep. Mijn zus huilt en doet weinig moeite om eruit te komen. Als de scheidsrechter 'ippon' roept, sta ik op.

Een jaar lang heb ik gedroomd van dit moment, maar nu ik van Karen heb gewonnen, ben ik helemaal niet blij. Mijn zus ligt nog steeds op haar rug, met haar armen grijpt ze naar haar knie. Ik groet in mijn eentje af, Karen wordt de mat af gedragen.

Ze blijkt haar kruisband te hebben ingescheurd. Ik vind het heel rot voor haar, maar houd mezelf voor dat ik dit móést doen. Dit was mijn kans om te laten zien dat ik beter ben en die kon ik niet laten glippen.

'Ik ga ermee stoppen,' zegt Karen een paar maanden na onze wedstrijd, 'ik heb er geen plezier meer in en het is moeilijk te combineren met mijn studie.'

Ik ben verbouwereerd, weet dat mijn zus het heel druk heeft. Naast het judo en de studie werkt ze ook nog 's avonds om haar kamer te kunnen betalen. Maar ik snap niet dat ze uitgerekend het judo laat vallen. Ik denk: als je echt de beste van de wereld wilt worden, laat je daar toch alles voor? Hoe kun je nu het plezier verliezen in het judo? 'Of komt het doordat je van mij hebt verloren?' Mijn zus schudt haar hoofd. 'Ik ben er gewoon helemaal klaar mee.'

Aan de ene kant ben ik blij dat mijn zus stopt: ze is mijn grote rivaal en die ben ik nu in één keer kwijt, en voor de relatie met Karen is dit waarschijnlijk het beste. Tegelijkertijd ben ik nu nog de enige in ons gezin die judoot, ik zal Karen niet meer zien op bondstrainingen of judokamp. Hoewel we de laatste tijd concurrenten waren, voelde het toch ook vertrouwd om mijn zus te zien. Ik vind het jammer dat ik er voortaan alleen voor sta.

4

1997-2001

Huisje-boompje-beestje; geen feestje

Ik ben meteen onder de indruk. Het afgetrainde lichaam, de rust die hij uitstraalt. Mark Huizinga is de beste judoka van Nederland, hij won vorig jaar op de Spelen in Atlanta brons. Mark is een stilist, is technisch en tactisch heel goed. Ook buitenlandse coaches zitten watertandend op de tribune naar hem te kijken en ook tijdens trainingen weet hij de ogen op zich gericht.

En nu zit ik hier mooi naast Mark na afloop van het toernooi in Bonn. Ik bestudeer hem goed. Zijn haar is kort, hij heeft een duidelijke kaaklijn, ziet eruit als een commando. Wel een met bloemkooloren door het vele judoën. Wat een knappe, stoere man. Er komt een glimlach op m'n gezicht. 'Wat is er?' vraagt bondscoach Marjolein van Unen naast mij. 'Niks hoor, binnenpretje,' antwoord ik.

We zitten allebei in onze judokleding. Dank je wel, Claudia Zwiers, denk ik. Als zij niet zwanger was geraakt, had ik hier nu niet naast Mark gezeten. Claudia is eerste keus in mijn gewichtsklasse, maar komt voorlopig niet in actie en daarom mag ik later dit jaar als wereldkampioen en kersvers Europees kampioen bij de junioren meedoen aan het WK voor senioren. 'Je moet bij het toernooi in Bonn wel wat laten zien, zodat je bij de bond de mensen die aan je twijfelen, stil krijgt,' zei Marjolein vooraf.

Dat is mij gelukt, ik heb net als zeventienjarige het toernooi in Bonn gewonnen. Op weg naar de finale heb ik de regerend Europees kampioen bij de senioren verslagen. Marjolein was bijna nog blijer dan ik. Mijn succes straalt ook af op haar; zij is immers nog maar net bondscoach. 'Nu kunnen ze niet meer om je heen, hoor! Jij gaat naar het wk, mevrouw Bosch,' riep ze toen ze mij omhelsde nadat ik de mat af kwam. Ik heb meteen mijn vader en moeder gebeld, heb vol trots verteld dat ik heb gewonnen.

Mark heeft ook gewonnen en daarom ontmoeten we elkaar bij de dopingcontrole. Ik kon meteen plassen, maar bij Mark is dat niet het geval. Hij is veel water aan het drinken, maar vooralsnog zonder resultaat. Bondscoach Louis Wijdenbosch, bondsarts Arnold Brons en Chris de Korte, de coach van Mark, zitten ook te wachten.

De anderen zitten telkens op hun horloges te kijken en de stemming wordt steeds baloriger. Ik ben de enige die het niet erg vindt dat Mark niet kan plassen – kan ik mooi nog even met hem kletsen. Dit is tenminste een echte man. De jongens van mijn leeftijd vind ik maar kinderachtig, die willen de kroeg in en over bier en tieten praten. Mark is zeven jaar ouder dan ik en veel serieuzer. Na vierenhalf uur komt er een einde aan onze eerste kennismaking; hij kan eindelijk mee met de controleur naar de toiletruimte.

'Leuke gast is Mark, hè,' zegt Marjolein met een knipoog. Ik lach, krijg rode wangen. Betrapt. Ik antwoord zo nonchalant als ik kan: 'Alleen jammer dat hij een vriendin heeft.'

Tot mijn vijftiende heb ik niet naar jongens omgekeken. En ze keken ook niet naar mij. Ik zag er op de middelbare school ook best jongensachtig uit. Met mijn korte haar, wijde broeken en te grote blouses viel ik totaal niet op. Toen ik borsten kreeg, was er ineens wel interesse. 'Mijn moeder zei altijd al dat je leuk op zou drogen,' vertelde een klasgenootje mij onlangs.

Ineens ging ik naar jongens kijken. Mijn eerste vriendje was een Belgische judoka. Hij had zulke mooie ogen. We schreven elkaar liefdesbriefjes. We hadden een 'toernooirelatie': als we een wedstrijd hadden, probeerden we zo veel mogelijk bij elkaar te zijn. We keken altijd of het lukte om bij elkaar te slapen. De spanning was te gek, maar van korte duur. Ik was ook niet tot over mijn oren verliefd.

Nu ben ik dat wel, voor het eerst van mijn leven.

Mark en ik komen elkaar steeds vaker tegen. We bereiden ons allebei voor op het WK, dat in oktober 1997 in Parijs wordt gehouden. Ook daarna komen we elkaar tegen, bij de bondstrainingen in Nieuwegein.

Ik kan mijn ogen niet van Mark afhouden. Als hij de zaal binnenkomt, voel ik mijn hart bijna uit mijn lichaam kloppen. Ik zoek hem steeds op. Alles wat hij doet, vind ik grappig. Ik ben constant overdreven aan het lachen en wil de hele tijd met hem stoeien. En ik vraag Mark steeds om advies, hang aan zijn lippen als hij een judotechniek uitlegt. Soms dwaal ik af, kijk ik hem alleen met dromerige ogen aan.

Ik weet me totaal geen houding te geven als Mark in de buurt is en na elke ontmoeting heb ik het gevoel vreselijk voor paal te staan.

Woensdagmiddag, tijdens de Nederlandse selectietrainingen, doe ik extra mijn best, omdat ik weet dat de mannen dan na ons komen. Ze gaan altijd al klaarstaan in de zaal om naar ons te kijken. Ik ben constant bezig met opvallen en wil stoer overkomen. Voor ik de kleedkamer uit loop na de bondstraining sta ik ook een tijd voor de spiegel. Als Mark mij treft buiten de zaal, moet ik er natuurlijk leuk uitzien.

Marjolein schudt lachend haar hoofd als ik weer achter Mark aan loop. Zelfs de stoïcijnse en niet erg spraakzame Chris de Korte glimlacht erom. Iedereen heeft door dat ik hem heel erg leuk vind, behalve Mark zelf. Ik ben constant aan het flirten, maar het blijft eenrichtingsverkeer.

Na een paar maanden heb ik alle moed verzameld en stap ik tijdens een trainingsstage op hem af. 'Jemig! Ik weet echt niet wat ik moet doen om aan jou te laten zien dat ik je leuk vind,' val ik meteen met de deur in huis. Mijn hoofd is zo rood als een biet. Mark kijkt mij aan, hij verblikt of verbloost niet. Ik word nog nerveuzer dan ik al was. Met mijn handen weet ik geen raad; ik besluit mijn armen maar over elkaar te doen. Ondertussen hup ik ongeduldig van mijn ene op mijn andere been. 'Ik ga het gewoon tegen je zeggen: ik ben verliefd op je. En niet zo'n klein beetje ook. Ik weet dat je een relatie hebt, maar ik wil gewoon dat je het weet.'

Ik kijk Mark aan, wacht op een antwoord. Maar hij zegt helemaal niets. 'Zo, nu heb ik het gezegd,' zeg ik. Mark weet niet goed hoe hij moet reageren. Ik wacht niet langer op zijn reactie en loop weg. Ik heb het gevoel dat ik poedelnaakt ben. Het is lang geleden dat ik mij zo kwetsbaar heb opgesteld, ik kan mij niet eens herinneren wanneer voor het laatst. Door zijn reactie, of eigenlijk het ontbreken daarvan, baal ik meteen van mijn actie. Ik heb het gevoel dat ik een blauwtje heb gelopen.

De dagen erna ontloop ik Mark. Ik doe wel net zo vrolijk en stoer als altijd, wil vooral niet laten blijken dat ik verdrietig ben. Maar met pijn in mijn hart ga ik na de training terug naar huis in Den Helder. Ik draai alle liefdesliedjes die ik kan vinden.

Mark gaat mij niet uit de weg. Sterker, het lijkt wel of hij steeds vaker naar mij toe komt rond de trainingen. Ik hoop niet dat hij het doet omdat hij mij zielig vindt, maar vind het hartstikke fijn. Maar het verliefde gevoel raak ik zo natuurlijk nooit kwijt.

Het is eind 1998. Na de training komt Mark op mij af. 'Zullen we wat gaan drinken in Utrecht?' vraagt hij. Ik sta perplex. Vanbinnen juich ik, maar ik moet cool blijven. 'Ja, dat kunnen we wel doen,' antwoord ik rustig. Het is een halfjaar nadat ik hem heb verteld dat ik verliefd op hem ben en nu wil hij ineens afspreken. Er spookt van alles door mijn hoofd. Ik zeg tegen mezelf: 'Waarom? Hij is verloofd! Moet ik er toch maar niet op ingaan? Straks word ik weer teleurgesteld.'

Natuurlijk zeg ik de afspraak niet af. Ik ben opgelaten. Als ik loop, voelt het alsof ik bij elke afzet een stukje door de lucht zweef. 'Ik heb met Mark afgesproken,' fluister ik trots tegen Marjolein, die haar duim naar mij opsteekt. Ik sta een uur voor de spiegel.

Mark heeft een blouse onder zijn trui, draagt een spijkerbroek en gympen. Ik heb een strakke spijkerbroek en kakikleurige blouse aangedaan. Daar zitten we dan, we bestellen wat drinken. We zien elkaar heel vaak op de training, maar hier, in een bruin café in Utrecht en zonder judopak aan, is het veel lastiger om een gesprek te voeren. We praten wat over sport, hebben het over de judoka's en trainers die we allebei kennen. Mark zegt al snel dat hij goed en slecht nieuws heeft.

'Oké...' zeg ik. Ik houd even mijn adem in.

'Het goede nieuws is dat ik ook verliefd ben op jou. Ik heb mijn relatie beëindigd en wil voor jou gaan,' zegt hij. Mijn hart maakt een sprongetje, ik krijg het warm en heb een glimlach van oor tot oor. Uit mijn mond komt alleen: 'Wauw!' Ik wil hem zoenen. Mijn ego krijgt een enorme boost. Het voelde als een schaakwedstrijd die ik eindelijk heb gewonnen. Ik vind mezelf stoer. Hij is voor mij ook eigenlijk een soort trofee. Het is de ultieme bevestiging dat ik goed en leuk genoeg ben.

'Het slechte nieuws is dat mijn ex zwanger is van mij,' vervolgt Mark. Mijn mond valt open, de glimlach is meteen weer verdwenen. Mijn verliefdheid is eindelijk beantwoord, maar de man op wie ik gek ben, wordt vader. Ik kan niets anders uitbrengen dan: 'Dat meen je niet. En nu?'

'Als ik jou een advies mag geven, dan sta je nu op en loop je weg. Het gaat niet eenvoudig worden om een relatie te hebben door alles wat er te gebeuren staat,' vertelt Mark rustig, terwijl hij mij recht in m'n ogen kijkt.

'Poeh, ik weet niet zo goed wat ik hierop moet zeggen,' is het enige wat ik kan zeggen. Mark geeft aan dat het beter is om alles even te laten bezinken en het er binnenkort nog eens over te hebben.

Maar ik heb geen bedenktijd nodig. De man voor wie ik zo mijn best heb gedaan laat ik niet zomaar glippen. 'Ik kies voor jou, dus ik kies ook voor jouw kindje,' zeg ik.

We drinken nog wat. Ik merk aan Mark dat dit voor hem een heel lastige situatie is. Van het moment dat Mark mij dit zou vertellen, heb ik mij al zo lang een voorstelling gemaakt. We zouden elkaar omhelzen, zoenen en lachen. Dat gebeurt allemaal niet in het echt, de stemming is bedrukt. We geven elkaar onze eerste zoen bij het afscheid op de wang. Ik knijp mezelf na zijn vertrek in m'n arm, waan mij in een film. De vlinders in mijn buik vechten tegen de twijfels in mijn hoofd.

Als ik onderweg ben naar Den Helder dringt het pas echt tot mij door. Als ik een relatie begin met Mark, zal dat niet de makkelijkste zijn. Er spelen zoveel vragen door mijn hoofd. Aan de ene kant ben ik heel blij, want Mark wil met mij verder. Aan de andere kant is Mark over een halfjaar vader en dat maakt mij onzeker. Word ik dan stiefmoeder op mijn negentiende? Alleen de gedachte al…

Hoe zullen mijn vader en moeder reageren als ik zeg: 'Ik heb wat met Mark Huizinga, er is alleen een probleempje: hij krijgt volgend jaar een kindje bij zijn ex.' Dit gaan ze mij vast meteen uit m'n hoofd praten.

Ik kijk naar beneden als ik het thuis opbiecht. Ze zijn even stil. Dan zegt mijn moeder: 'Als je gelukkig bent met Mark, dan is de hele situatie voor ons ook oké. Het is allemaal al heftig genoeg.' Zo'n lieve reactie had ik niet verwacht op deze toch al zo bizarre dag. Ik ben zo opgelucht. Doordat ik de zegen van mijn ouders heb besluit ik vol overgave voor een relatie met Mark te gaan. Ik denk niet te veel na over alle lastige zaken die ongetwijfeld op mijn pad gaan komen, wil nu eerst alleen maar verliefd zijn.

De eerstvolgende keer dat ik Mark zie, op 6 december 1998, voordat we op trainingsstage naar Lanzarote gaan, is de eerste keer dat we met elkaar zoenen.

We gaan elkaar voortaan elke dag tegenkomen. Van mijn moeder mocht ik pas uit huis zodra ik de meao had afgerond, en dat is het geval. Ik heb al besloten dat ik overstap naar Budokan, de judoschool van Chris de Korte in Rotterdam waar ook Mark traint.

Ik ga op zoek naar woonruimte in Rotterdam. 'Het gaat misschien allemaal wat snel, maar je kunt ook bij mij intrekken,' oppert Mark al snel. Ik wil niets liever. Ik ben nog niet bezig met hoe het allemaal gaat lopen als de baby er is en trek in bij Mark in Vlaardingen, waar hij een huurwoning heeft, een rijtjeshuis in een keurige woonwijk.

Drie maanden later wordt Mark vader van een dochter. Zij is vanaf nu een onderdeel van zijn leven, dus ook van dat van mij. Via Mark vraag ik voorzichtig of ik op kraamvisite mag komen bij zijn ex. Ze stemt toe en dat vind ik knap.

Ik ga mee met Mark, heb schattige babyschoentjes gekocht. Daar sta ik dan bij de vrouw die waarschijnlijk mijn bloed wel kan drinken. 'Het is allemaal heel erg rot,' zeg ik tegen haar, 'maar we zullen elkaar vaak tegenkomen, dus hoop ik dat het op een goede manier kan.'

Marks ex is ogenschijnlijk relaxed. Ik mag hun dochtertje

vasthouden. Daar sta ik dan met het kindje van mijn vriend in mijn armen, dat niet van mij is. Hoe bizar is dit?

Ik zal en moet alles op een goede manier laten verlopen. Ik kan dit. 'Ik ben eerder een soort moeder dan mijn twee oudere zussen,' grap ik tegen Mark. Omdat onze focus helemaal ligt op topsport is de kleine meid onregelmatig bij ons. Na een ochtend van zware trainingen liggen we geregeld voor pampus op de bank, met een lachende baby tussen ons in.

Af en toe voel ik mij onzeker. Door hun dochter hebben Mark en zijn ex natuurlijk een speciale band. Ik vertrouw mijn vriend, maar ik weet dat zij maar één ding wil: Mark voor zich terugwinnen.

Het samenwonen valt mij zwaar in het begin. Wat huishoudelijke taken betreft, kan ik helemaal niets. Mijn moeder heeft altijd voor mij gezorgd. Van kleding op kleur sorteren voor de was heb ik nog nooit gehoord. Of ik was te heet. 'Sorry Mark, er zijn weer wat kleren van je gesneuveld,' beken ik geregeld berouwvol.

Ik heb ook nog nooit gekookt. De eerste keer dat ik mij in Vlaardingen terugtrek in de keuken maak ik pasta met tomatensaus en knoflook. Ik proef het voordat ik de deur van de keuken opendoe en de pan op de eettafel in de woonkamer zet. Het is gortdroog. Maar ik besluit het gewoon op tafel te zetten om te kijken hoe Mark reageert.

Ik probeer mijn lachen in te houden als hij opschept. Mark neemt een hap en ik zie zijn gezicht vertrekken. Terwijl hij naar zijn bord kijkt, zegt hij: 'Best lekker.' Ik gier het uit. 'Je liegt. Het is niet te vreten!' We moeten allebei hard lachen.

Ik moet alles leren, ook wat het inhoudt om zelfstandig te wonen. De boodschappen doen, kijken wat er nodig is en een planning maken waardoor het judo, mijn heao-studie en het huishouden elkaar niet bijten.

Al snel merk ik dat het ook niet heel erg eenvoudig is om

met Mark samen te wonen. Als ik terugkom na een lange dag van trainen en school is het vaak rommelig thuis. Mark werkt bij Defensie en heeft ook niet altijd tijd om huishoudelijke taken te doen. Onze ruzies gaan daarom vooral over stofzuigen en afwassen. Mark gaat veel relaxter met troep om, als er afwas staat doet hij de deur van de keuken dicht. Ik wil alles juist altijd netjes hebben. Gelukkig heeft Mark een heel lieve moeder, die ons geregeld komt helpen.

Mark hangt na de training een beetje op de bank of zit achter de computer om spelletjes te spelen. Dat kan hij rustig blijven doen tot drie uur 's nachts. Bij mij draait alles om judo; ik ga vaak naar de masseur, let goed op mijn voeding en ga elke dag op tijd naar bed. Ik sta ervan te kijken hoe makkelijk Mark is; ik had gedacht dat hij net als ik de hele dag met zijn sport bezig zou zijn.

En ik merk al snel dat Mark een tik heeft overgehouden aan de tijd dat hij uitkwam in een lagere gewichtsklasse en veel heeft moeten afvallen in de aanloop naar wedstrijden. Soms gaat hij 's nachts zijn bed uit om chocolademelk te drinken en stroopwafels te eten. Gewoon omdat het kan. Hoofdschuddend kijk ik er de eerste keren naar. Daar zit de judoka nou tegen wie iedereen opkijkt, midden in de nacht met een pak koeken voor zijn neus en een beker chocolademelk in zijn hand. Bijzonder wat een periode van zwaar afvallen voor diepe sporen na kan laten.

We zijn uitersten onder één dak. Mark luistert naar Radio 1 en houdt de toestand in de wereld in de gaten, ik zing hard mee met de hits op Radio 538. Mark heeft niet zoveel met uitgaan en stappen. Alcohol drinkt hij nooit, gewoon omdat hij het niet lekker vindt. Als ik een keer op stap ga, vraag ik hem niet mee. Mark is meer van het vissen. Ik ben een keer meegegaan en verveelde me rot. Een beetje naar een dobber staren is niets voor mij. Shoppen doen we wel graag samen. Mark kan echt alles dragen en ik vind het leuk om een dagje kleren te shoppen voor hem.

Mark kan heel goed praten, komt altijd met argumenten als we een discussie hebben. Hij weet mij altijd klem te praten. Alles is feitelijk onderbouwd; om gek van te worden, want vaak heeft hij gewoon gelijk. Daar zit ik helemaal niet op te wachten, omdat ik gewoon ruzie wil maken als ik onredelijk ben. Dan gooi ik iets kapot. Of ik verhef mijn stem zo erg dat het meer op schreeuwen lijkt. De buren kunnen af en toe letterlijk meegenieten als ik tekeerga. Mark weet soms niet wat hem overkomt. Als ik een zielige film kijk, komen de tranen. Als de training niet naar mijn zin is gegaan, zit ik op de bank te huilen. Mark kijkt mij dan vaak verbaasd aan.

Als ik blij ben spring ik van links naar rechts door de kamer. 'Edith, ik kan het nu even niet aan, blijf een poosje uit mijn buurt,' zegt Mark geregeld. En hij vertelt mij kalm dat ik niet met huisraad moet gooien, dat is zonde. In het begin ben ik gepikeerd. Later word ik al rustiger als ik Mark met een gefronste wenkbrauw zie kijken. Schuldbewust zeg ik dan: 'Wat ben ik weer bezig, hè?'

Mark zorgt voor sturing. Zoals mijn vader dat ook altijd deed, toen ik klein was. Maar Mark kan binnen de muren van ons huisje ook uit de band springen. De vloerbedekking in de huiskamer dient vaak als privéjudomat. Stoeien met elkaar doen we vaak. We rollen over de grond, ik pak hem bij zijn nek en probeer hem te laten stikken. Tijdens het stoeien doen we elkaar soms pijn, omdat er bij mij geen rem op zit. Ik sla Mark zo hard als ik kan. 'Stop,' roept hij dan, maar ik ga gewoon door. 'Jij hebt echt niet door hoe sterk je bent, je kent je eigen krachten niet,' zegt hij vaak als we hijgend en met rode koppen weer op de bank zitten.

We praten heel wat af over judo, en dat vind ik geweldig.

Vaak oefenen we worpen in de woonkamer die eigenlijk niet kunnen. We liggen vaak dubbel van het lachen als we weer wat uitproberen.

Mark is volwassener, maar het leeftijdsverschil van zeven jaar zit ons niet in de weg. Ik voel mij fijn bij hem, hij maakt mij rustig. En we doen veel leuke dingen samen. We gaan op vakantie naar Mexico, Egypte en op safari naar Tanzania. Voor ik Mark kende, kwam ik niet verder dan de camping. Alle plekken waar we zijn geweest, markeren we met prikvlaggetjes op een wereldkaart die aan de muur in de kamer hangt, bij de computer.

De eerste zes maanden op mijn nieuwe judoschool heb ik het heel zwaar. Om het allemaal nog veel gecompliceerder te maken: ook de ex van Mark is judoka en ook zij traint bij Chris de Korte. Ik dacht dat door mijn bezoek tijdens de kraamtijd we er het beste van zouden gaan maken ondanks de lastige situatie. Niets is minder waar.

Als de ex van Mark na de bevalling weer komt trainen, negeert ze me. Ze ziet me als een indringer. De judoka's met wie ze al een tijd traint bij Budokan en met wie ze bevriend is doen met haar mee. Als ik voor de training aan kom lopen, staan ze geregeld in een groepje. Ik zie ze kletsen en ondertussen naar mij kijken. Als ik hen nader, stappen ze expres naar achteren, zodat ik er niet langs kan. Ik vraag niet of ik erlangs mag. Het onvermijdelijke gebeurt en ik bots half tegen iemand aan als ik mij erlangs probeer te proppen. Vaak word ik dan uitgescholden en ze lachen me uit.

Op mijn auto vind ik geregeld deuken en krassen als ik na de training naar huis wil rijden. Een keer kom ik naar buiten en zie ik weer een verse deuk. De ex van Mark en een ander meisje lopen net weg. Ik haal hen in, ga voor ze staan: ik weet dat zij de schade aan mijn auto hebben aangericht, al heb ik ze niet op heterdaad betrapt. 'Als jullie mijn auto nog een keer met één vinger aanraken, sla ik jullie zo hard dat jullie niet meer opstaan.'

Zo zijn we in een constant gevecht. Ik krijg er stress van, maar één ding blijf ik mezelf inprenten: ik ga me niet laten kennen. Ik doe er alles aan om maar te laten zien dat het mij niet raakt wat ze doen en roepen. Ze proberen me steeds uit de tent te lokken, maar ik hap niet, hoe lastig dat ook is. Als ik reageer, hebben ze hun zin en dat gun ik ze niet. Ik ben naar Chris de Korte gegaan om de beste van de wereld te worden, houd ik mezelf voor als er weer iets is voorgevallen dat te kinderachtig voor woorden is; door ruzie te maken kom ik hier niet verder.

De ex van Mark komt ook uit in de klasse tot 70 kilogram. Ik kan maar op één manier het gevecht aangaan met haar, en dat is op de mat. Ik ben veel beter en als ik tegen haar judo ga ik zes tandjes harder. Het voelt elke keer als ik haar in de training tref als een belangrijke wedstrijd. Dan is er maar één die gaat winnen: ik!

'Ik wil niet meer met haar trainen,' zegt ze, nadat ik haar opnieuw alle hoeken van de mat heb laten zien.

'Je traint gewoon met Edith. Als je hier niet met bepaalde mensen wilt judoën, dan ga je maar naar een andere club,' zegt een van de trainers. Met een beteuterd gezicht druipt ze af en ik lach vanbinnen.

Na verloop van tijd gaan de mensen die haar kant hebben gekozen steeds normaler doen. Ze kijken verder dan hun neus lang is en nemen de moeite om mij te leren kennen. 'Je bent best een aardige meid,' hoor ik steeds vaker.

De ex van Mark kan dat niet uit haar mond krijgen, tussen ons komt het niet meer goed. Steeds weer zijn er aanvaringen. Het is voor mij een constant gevecht, en ik word er af en toe zo moe van.

Op een keer, het is in 1999, kom ik met een slecht humeur

naar de training. Ik heb een heel slecht tentamen gemaakt. Aan het einde van de loodzware training, die tot mijn frustratie totaal niet gaat zoals ik wil, loop ik de ex van Mark in de weg. Ze geeft mij een harde duw. Voor het eerst in al die maanden tel ik niet eerst tot tien. Het wordt zwart voor mijn ogen, ik keer me om en haal uit met mijn vuist. Er vloeien tranen, er wordt gevloekt. Wat baal ik van mezelf dat ik me toch uit de tent heb laten lokken. Ik heb gefaald.

5

1998-2000

Aartsrivaal

'Je moet van een lelijk eendje geen Rolls-Royce willen maken,' zegt Chris de Korte tijdens de training. Hij staat met zijn armen over elkaar en zijn benen een beetje uit elkaar terwijl hij het zegt. Mijn coach heeft in het jaar dat ik bij hem train die zin al vaak gebruikt, en ik weet precies waar hij op doelt: mijn judostijl. Die lelijke eend ben ik.

Oud-commando Chris is heel erg van de oude stempel. Niet alleen als mens, ook als judotrainer. Bij zijn school Budokan wordt er heel vaak en hard getraind, er is veel oog voor techniek. Het moet allemaal op de Japanse manier van Chris, die in de jaren vijftig als een van de eerste Nederlanders de zwarte band haalde, want in Japan ligt de oorsprong van het judo.

Mark is een lust voor het oog als judoka, technisch doet hij niet onder voor de Japanners. Vaak zie ik Chris alleen een knikje geven naar Mark. Dat doet hij naar mij niet vaak; mijn manier van judoën doet hem pijn aan de ogen. Ik loop op de mat te trekken en te duwen, ben absoluut geen stilist. Mijn benen gaan naar binnen als ik judo en mijn rug is dan altijd gekromd. Maar effectief is mijn manier van judoën wél.

'Wat vind je eigenlijk van mij,' vroeg Chris de Korte tijdens ons kennismakingsgesprek in 1998.

'Ik vind jou echt eng,' antwoordde ik.

Er verscheen iets van een glimlach op zijn lippen. 'Jij bent dan wel wereldkampioen bij de junioren en doet leuk mee bij de senioren, maar je kunt eigenlijk helemaal niet judoën,' vertelde hij rustig in het kantoortje van zijn judoschool De Korte Sportinstituut in Hoogvliet.

Ik knikte bevestigend, maar vond het vreselijk dat Chris dat zei. Ik dacht: meent hij dit echt of wil hij me testen? Maar de vraag stellen durfde ik niet.

Vanaf het eerste moment dat ik hem zag lopen, tijdens een jeugdtoernooi, had ik groot ontzag voor Chris. Klein van stuk, grijs gemillimeterd haar, kin in de lucht, lippen op elkaar en de blik altijd strak vooruit gericht als hij door de zaal liep. Stoïcijns en vaak met de armen over elkaar zat hij langs de mat tijdens wedstrijden van zijn pupillen. Winst of verlies, op Chris de Korte had het ogenschijnlijk allebei geen effect. Je zag niets aan hem.

Hij groette me als ik in kleding van de Nederlandse kernploeg door de zaal liep of knikte alleen even met zijn hoofd. Tot een echt gesprek kwam het nooit. Ik kende zijn reputatie: een strenge man van weinig woorden. Maar hij had zijn sporen ruimschoots verdiend. Chris was de coach van Angelique Seriese, die in 1988 goud won op de Spelen in Seoul, waar judo voor vrouwen een demonstratiesport was. En hij was natuurlijk de coach van Mark.

Ik wilde dat Chris ook mijn trainer zou worden.

Het meest logisch was om niet voor Chris en De Korte Sportinstituut te kiezen, maar voor Cor van der Geest, die met zijn school Kenamju in Haarlem zat. Dat was veel dichter bij Den Helder. Cor had ik ook al vanaf mijn twaalfde meegemaakt met de bondstrainingen, hij was toen bondscoach van de dames, en het klikte goed tussen ons. Hij is een emotionele, warme man. Ik heb met hem een gesprek gevoerd, maar vreesde dat ik de eerste jaren als trainingsmaatje van Claudia Zwiers gebruikt zou worden. Daar had ik geen zin in. Zij won brons op de afgelopen Spelen, was zeven jaar ouder dan ik en daarom vreesde ik dat ik geen eerlijke kans zou krijgen in Haarlem. Cor vond het jammer, maar respecteerde mijn keuze.

Daarnaast had ik ook een relatie met Mark. En dus koos ik voor Chris, niet alleen de tegenpool van Cor, maar ook al jarenlang zijn gezworen vijand.

Ik ben niet alleen de lelijke, maar ook de vreemde eend in de bijt van De Korte Sportinstituut. Er wordt tijdens de trainingen niet gepraat door de anderen. Je hoort alleen het gekreun en gezucht van judoka's die zich inspannen, gevolgd door de repeterende doffe klappen van mannen en vrouwen die zich als 'werpvlees' met hun rug op de mat laten werpen.

Mij lukt het niet om mijn mond te houden tijdens de training. 'Fuck,' schreeuw ik als het niet gaat. Ik zie de andere judoka's verschrikt naar me kijken als ik tekeerga. Ik heb gehoord dat er een paar naar Chris zijn gegaan om over mij te klagen als de scheldwoorden weer eens uit mijn mond golfden. 'Jij bent echt niet goed bij je hoofd,' hebben ze na een opnieuw door mij verstoorde training tegen me gezegd.

Ik kan het niet tegenhouden, kan mijn emoties niet opkroppen. Chris spreekt me er niet op aan, ik heb zelfs het idee dat hij het allemaal wel grappig vindt. 'Leven in de brouwerij,' heb ik hem horen zeggen over mij. Chris had met zijn zestig jaar mijn opa kunnen zijn. Van mijn manier van judoën is hij niet enthousiast, dat laat hij keer op keer doorschemeren. Maar hij ziet mij desondanks als een 'interessant project'.

Het eerste jaar bij De Korte Sportinstituut is vreselijk zwaar voor me, het loopt voor geen meter. Ik moet wennen aan de nieuwe training, de andere belasting en omgeving. Chris laat mij heel anders judoën, haalt me helemaal uit mijn ritme. 'Ik zal je eerst moeten afbreken voordat ik je weer op kan bouwen,' roept hij geregeld.

Voordat ik naar Rotterdam kwam, dacht ik dat ik al heel wat voorstelde, maar nu twijfel ik aan alles. De worpen die Chris me aanleert, zitten nog lang niet in mijn systeem. Ik heb telkens het gevoel dat ik twee seconden te laat ben, terwijl judo een sport is van *split seconds*. Ik ben ongeduldig, zit na de training vaak te huilen op de bank, terwijl ik met mijn armen mijn ingetrokken benen omklem.

'Het komt vanzelf goed,' zo troost Mark me steeds, 'het duurt een jaar voordat een worp een automatisme is geworden.'

'Ik wil geen jaar wachten, ik wil het nú kunnen,' snotter ik.

Voor Chris loop ik door een betonnen muur als het moet. Mark zegt ook steeds dat ik me geen betere coach kan wensen. 'Als je doet wat Chris zegt, ga je straks met sprongen vooruit.'

Wat mijn trainer me opdraagt, voer ik uit. Soms krachttermen uitbrakend en met tranen in mijn ogen, maar ik doe het. Dag in dag uit train ik keihard. Het is net als in de film *The Karate Kid*: ik ben de student die met veel vallen en opstaan door mijn oude, wijze coach wordt klaargestoomd voor het echte werk. Ik blijf als ik het zwaar heb tijdens de trainingen maar tegen mezelf zeggen: 'Als ik doe wat Chris zegt, word ik heel goed.'

Ik train vaak met Angelique Seriese; tegen haar kijk ik op. Zij is ook geen styliste, maar is wel de beste van de wereld geworden. Angelique is twaalf jaar ouder dan ik en is spijkerhard. Het is net een muur waar ik tegen sta te beuken, ze is zó sterk en gespierd. Ze is een kei in het grondgevecht, haar specialiteit is een verwurging. Als ze me te pakken heeft, boort ze met haar knokkels heel hard onder mijn kin en op mijn kaak. Ik lig dan te gillen en trappelen van de pijn – wat haat ik haar als ze dat doet!

Maar de volgende training zoek ik Angelique weer op. Ik zál een antwoord vinden op die verwurging van haar.

Angelique is heel serieus. Ik vind haar in het begin saai, onze karakters zijn totaal verschillend. Maar naarmate ik haar beter leer kennen, merk ik dat ze een topwijf is. Er zit veel onverwerkt leed in haar, wat te maken heeft met haar vroege uitschakelingen op de Spelen van 1996, waar ze topfavoriet voor goud was. Ik leer veel van haar, ze vormt me. Ik train met dezelfde hardheid als Angelique doet. Dankzij haar word ik sterker, beter en vooral veel harder.

Na de breuk met Merel op mijn vijftiende had ik me al voorgenomen dat ik sterk en stoer moest zijn; in Rotterdam krijg ik een spoedcursus hoe ik een vreselijke bitch word. 'Aardige meisjes worden je schoondochter, geen topsporters,' zegt Chris vaak.

'Edith is een kreng van een wijf,' zegt Chris soms tegen anderen. Als hij het zegt, glim ik van trots. Krengen worden wereldkampioen, meisjes met rozewolkjesbehang en een verzameling knuffeldieren niet. De vechtersmentaliteit en pakking waren al mijn specialiteiten, maar die worden door Chris geperfectioneerd. Hij zorgt ervoor dat ik mee kan in het grondgevecht, dat ik mijn concentratie tijdens een wedstrijd beter vast kan houden en dat ik een paar worpen in huis heb waarmee ik een ippon kan scoren. Met die bagage kan ik doel één proberen te realiseren: de beste judoka van Nederland worden in de gewichtsklasse tot 70 kilo.

Claudia Zwiers is in 1998, na de geboorte van haar dochter, teruggekeerd in mijn gewichtsklasse. Tijdens haar zwangerschap is de relatie met de vader uitgegaan, ze is dus alleenstaande moeder. Heftig. Even komt de softe Edith naar boven: deze situatie gun ik haar niet.

Op mijn zestiende heb ik tegen Claudia gejudood op het NK.

Ze had me snel op m'n rug liggen, was op dat moment Europees kampioen en had op de Spelen in Atlanta brons gewonnen. Sindsdien heb ik niet stilgezeten. Vlak na haar rentree heb ik Claudia, die zeven jaar ouder is dan ik, geklopt bij het NK in de open klasse.

Vriendinnen zijn we nooit geweest. Voordat we rivalen werden, lagen we elkaar al niet. Ik vond haar achterbaks en gemeen. Toen ik in een lagere gewichtsklasse zat, trainde ik geregeld bij Kenamju met haar clubgenoten Jessica en Jenny Gal. Na trainingen zag ik Claudia vaak vriendelijk met iemand kletsen, maar zodra haar clubgenootje de deur uit was, kon ze de lulligste opmerkingen maken. Ze was ook heel erg dominant en op een negatieve manier sfeerbepalend. Overal waar we als kernploeg kwamen, stond zij met haar neus vooraan. En altijd maar mekkeren over alles. Het eten, het hotel, de trainingszaal, haar vliegtuigstoel: het was nooit goed. Met zo iemand wilde ik niets te maken hebben.

De verstandhouding is in 1999 na haar zwangerschap veranderd, we zijn nu ineens concurrenten. Ik heb geroken aan het grote werk toen zij er niet was, werd zevende bij het WK en verdiende daardoor de A-status bij NOC*NSF, en ben niet van plan weer klakkeloos de tweede viool te gaan spelen.

Van de bond mag Claudia meteen weer naar het EK en WK op grond van haar prestaties van voor haar zwangerschap. Ik moet thuisblijven. 'De goede prestaties van Claudia dateren van 1996. Ik heb me heel erg ontwikkeld en vind het niet eerlijk dat ik geen kans krijg,' zeg ik tegen bondscoach Marjolein.

Ik reis toch af naar het WK in Birmingham. Om Mark aan te moedigen, maar ook om naar Claudia te kijken. Ik ben heel erg zenuwachtig: als mijn grote rivaal bij de beste zeven komt, kwalificeert ze zich voor de Spelen. Ze verliest al snel, maar via de herkansing kan ze nog altijd bij de beste zeven komen. Ik heb al naar het schema gekeken en weet: als ze nog één wedstrijd wint heeft ze een ticket Sydney binnen. Dan maakt het niets meer uit wat ik nog laat zien het komende jaar, al win ik alle wedstrijden.

Ik durf niet te kijken, ben aan de goden overgeleverd. Nooit eerder heb ik zitten duimen voor een nederlaag van iemand. Ik zie dat Claudia geen grip heeft op haar tegenstander, ze komt achter. Maar in judo maakt dat niet uit – één briljante ingeving of een moment van onachtzaamheid en Claudia zou haar tegenstander op de rug kunnen gooien. Dan is het: weg Sydney.

Claudia redt het niet, ze wordt negende. Ik bal mijn vuisten op de tribune, een oerkreet komt uit mijn keel. Ik had er eigenlijk al geen rekening meer mee gehouden, maar de weg naar de Spelen ligt ineens weer helemaal open. Terug in Nederland sta ik te popelen om naar de training te gaan. De strijd tussen ons barst nu pas echt los.

Ik weet waar mijn kansen liggen. Als judoka's lijken Claudia en ik wel op elkaar; we zijn allebei lang en staan met ons linkerbeen voor. Maar Claudia heeft moeite een wedstrijd af te maken, mist de hardheid en moet ook tijdens de training voortdurend achter haar broek worden gezeten. Ik ben mentaal juist sterk, knok ook elke training voor wat ik waard ben.

Nu we allebei strijden om een olympisch startbewijs is de spanning tussen ons voelbaar. Ik begin me aan alles wat Claudia doet en zegt te ergeren. Voor en na elke training ligt ze vaak als eerste op de massagebank van de fysiotherapeut. Als ik een afspraak wil maken, zie ik haar alweer liggen. Ik vind vaak dat ze zich aanstelt en dat ze de kantjes ervanaf loopt. En daar zeg ik wat van. Dat lokt weer een reactie uit bij Claudia. Zij is net als ik niet op haar mondje gevallen, heeft ook een attitude.

We hebben tijdens bondstrainingen heel vaak woorden. Allebei willen we niet buigen, niet op de mat en ook niet ernaast. Als ik een opmerking maak omdat ze weer eens te laat komt, roept Claudia: 'Wie ben jij nou.' Met een minzame blik antwoord ik alleen: 'Jij bent mijn energie niet eens waard.'

De koude oorlog tussen ons wordt steeds verder aangewakkerd. Chris gooit tijdens de trainingen bij De Korte Sportinstituut ook zo nu en dan olie op het vuur. Als hij me op scherp wil zetten, roept hij: 'Je lijkt Claudia Zwiers wel.' Ik word link als hij dat zegt. Hij mag mij met iedereen vergelijken, maar niet met haar. Maar het gevolg is wel dat ik nog harder mijn best doe tijdens de training.

Tijdens bondstrainingen letten we voortdurend op elkaar. Als Claudia stopt, ga ik expres nog even door. Ik wil haar voortdurend laten zien dat ik helemaal klaar voor haar ben. In Rotterdam kan ik als de training erop zit en ik kapot ben altijd nog een kwartier door bij de gedachte dat Claudia thuis op de bank zit. Claudia is niet alleen mijn grote rivaal. Ze is mijn doping.

Toch begint Claudia beter aan onze strijd voor Sydney. Zij wordt derde bij een belangrijk toernooi in Parijs, ik vijfde. Ook daarna doet ze het bij de toernooien waar we allebei aan meedoen steeds iets beter.

In Boedapest is het eindelijk zover: we moeten het tegen elkaar opnemen in de strijd om het brons. Het is vijfenhalve maand voor de Spelen, ik weet dat dit een bepalend moment zal zijn in onze tweestrijd. Het toernooi wordt gehouden in een oude schaatshal, waar grote tl-bakken aan het plafond hangen. We moeten het op mat één tegen elkaar opnemen, helemaal aan de rechterkant van de grauwe zaal die in alles herinnert aan de tijd dat Hongarije nog deel uitmaakte van het Oostblok.

Ik ben nog nooit zo nerveus geweest voor een wedstrijd. Van pure stress heb ik mijn tranen al een paar keer laten lopen. Ik voel pijnscheuten in mijn buik. Vlak voor de wedstrijd bel ik Mark, hij geeft me aanwijzingen en krijgt me rustig. Hij sluit af met: 'Je kunt het, schat.' Nu moet ik het laten zien, dit is het moment waar ik sinds het wk in Birmingham van vorig jaar op heb gewacht. De tijd van lullen is voorbij, nu moet ik poetsen.

Chris praat rustig op me in, stipt als altijd de sterke en zwakke punten van mijn tegenstander aan. Net of ik die niet weet van Claudia. Ik kan haar manier van judoën wel dromen. Ik moet oppassen dat ze haar linkerhand niet in mijn nek kan plaatsen. Als dat haar lukt is het net of je aan een staalkabel ligt, dan laat ze niet snel meer los. 'Blijf bewegen, dan ontregel je haar,' zegt Chris.

Voor de wedstrijd staan we naast elkaar. We keuren elkaar geen blik waardig, kijken strak voor ons uit. Onze coaches ontwijken elkaar ook, zoals ze dat al jaren doen. Voor de media is dit ook een strijd tussen de aartsrivalen Cor van der Geest en Chris de Korte.

Ik loop naar onze mat, Chris volgt me. Het is er druk, binnen het judo weet iedereen van onze strijd. Dit is de confrontatie waar ze op hebben gewacht. Chris gaat rustig op zijn coachplek zitten, terwijl ik met een sprong de tatami betreed. Ik sla mezelf nog even in het gezicht. Dat doe ik altijd voor een belangrijke wedstrijd. Door het tintelende gevoel na de klap, ben ik altijd meteen bij de les.

Ik weet al wat ik kan verwachten als ik tegen Claudia ga judoën, en dat is niet het judo waar Chris verliefd op is. Claudia en ik staan allebei met ons linkerbeen voor en zijn even lang; daardoor kunnen we moeilijk bij elkaar in de buurt komen. We moeten het beiden van onze pakking hebben.

De wedstrijd begint. We tasten elkaar af. Als ik Claudia probeer vast te pakken, slaat ze mijn hand weg. Ik doe hetzelfde bij haar. Ik beweeg, zodat ze met haar linkerhand niet in de buurt van mijn nek kan komen. We schoppen elkaar ondertussen tegen de schenen, proberen de ander op die manier uit balans te brengen. Als Claudia haar linkerhand plaatst, gaat ze altijd helemaal scheef staan. Ze is zo irritant om tegen te judoën, een plank is flexibeler. Nog nooit heb ik een vol punt tegen haar gescoord. Ik kan maar niet bij haar komen. Maar dat geldt andersom ook.

Cor is zoals altijd druk aan het gebaren en roepen naar Claudia. Chris is stil, geeft alleen met een kort handgebaar een instructie.

Na drie minuten kan ik eindelijk in de buurt van Claudia komen. Ik zet meteen een beenworp in. Claudia slaagt er net niet in om op haar buik te draaien, komt een beetje met haar zij op de mat. Yuko. Ik sta voor en nu zal Claudia moeten komen.

Chris geeft met een handsignaal aan dat ik vooral gefocust moet blijven. Dat lukt me. Ik blijf beuken en bewegen. Claudia kan niet dicht bij me komen en ik merk dat ze daar gefrustreerd door raakt. Na vijf minuten sla ik mijn armen voor mijn ogen en ik kijk naar Chris, die zijn duim opsteekt. Met minimaal verschil heb ik mijn grote rivaal verslagen.

Ik zie Claudia zuchten en balend naar boven kijken. Cor ijsbeert langs de mat. Ik krijg een hand van mijn rivaal, maar ze kijkt me niet aan en keert me meteen de rug toe. Ik vind het prima. Met mijn armen in de lucht loop ik de mat af. Chris geeft me alleen twee klopjes op de schouder. 'Nu heb ik haar te pakken, ze is van mij,' roep ik.

Na de wedstrijd gaan we naar het hotel waar we met de ploeg zitten. Ik zie Claudia. We gaan elkaar uit de weg, maar ik zie aan haar houding dat ze geknakt is. En dat maakt me nog blijer dan ik al ben. Op het vliegveld ga ik links bij de bagageband staan en Claudia rechts.

Ik sta na Boedapest een paar punten voor in onze tweestrijd. Ik heb voor elk toernooi pijn in mijn buik voor de loting, kijk altijd meteen tegen wie ik moet, en daarna zoek ik de naam van Claudia. Maandenlang ben ik alleen maar haar in de gaten aan het houden.

Een nieuwe confrontatie komt er niet meer. Met nog twee

toernooien te gaan is het verschil steeds minimaal. Ik sta twee-de op de wereldranglijst en Claudia derde. Het toernooi van Rome, op 26 maart, zal bepalend zijn.

Claudia verliest verrassend in de eerste ronde. Dit is mijn kans, ik moet de finale halen om het gat tussen ons bijna onoverbrugbaar te maken. In de halve finale moet ik het opnemen tegen de Engelse Kate Howey, wereldkampioen in 1997 en het afgelopen WK goed voor brons.

Ik vecht me helemaal kapot. 'Kom op, Edith!' schreeuwt Mark langs de kant van de mat. Ik heb hem nog nooit zo fanatiek gezien. Uiteindelijk weet ik met een minimaal verschil te winnen. Wat ben ik blij. De finale verlies ik van de Cubaanse Sibelis Veranes, maar met nog één toernooi te gaan sta ik er heel goed voor.

Voor het toernooi in Rotterdam gooit Claudia de handdoek in de ring. Ze stapt uit de strijd en zal niet deelnemen aan het laatste toernooi. 'Yes!' schreeuw ik als Chris het me vertelt. Ik kan het gewoon niet geloven. Negentien jaar jong en ik mag voor het eerst naar de Olympische Spelen; een droom komt uit. Ik vind het zwak en stom van Claudia. 'Dit is precies de reden dat ik het wel haal en zij niet,' zeg ik tegen Chris.

Ook Mark gaat uit zijn dak. We rennen achter elkaar aan en ik spring bij hem op z'n rug. Hij is al heel lang zeker van olympische deelname, maar de Spelen waren door mij een tijd lang gebombardeerd tot verboden gespreksonderwerp. Ik mocht niet aan Sydney denken zolang ik nog niet zeker was dat ik erheen kon.

Een paar weken later krijgen we de kledingpakketten van NOC*NSF voor de Spelen. Voor Mark worden het zijn tweede Spelen, voor mij is alles nieuw. 'Ik hoor er nu echt bij,' zeg ik tegen Mark. Alle kledingstukken bestudeer ik zoals ik als kind naar mijn sinterklaascadeaus keek. De grijns zit gebeiteld op mijn gezicht. We stallen alle kleding uit in de woonkamer. Als de hele vloerbedekking bezaaid ligt, ga ik er op de bank samen met Mark stilletjes naar zitten kijken.

'Op 20 september moet het gebeuren,' zeggen we tegen elkaar. Op die dag komt Mark uit in zijn klasse, die tot 90 kilo, en ik in de mijne. Ik fluister: 'Hoe mooi en uniek zou het zijn om op dezelfde dag allebei een olympische medaille te winnen?'

6

2000

Olympische Spelen Sydney:
tranen van verdriet en geluk

We bemoeien ons in de aanloop naar Sydney weinig met el-kaar. De afspraak die Mark en ik gemaakt hebben, luidt: de re-latie mag onze olympische dromen niet in de weg staan. Het is zaak om geen energie te verliezen aan onbelangrijke zaken. De focus is op presteren tijdens de Olympische Spelen; de rest, ook het huishouden, is ondergeschikt.

Chris probeert ons zo goed als hij kan voor te bereiden op de Spelen. Hij heeft bij mij de afgelopen twee jaar maatwerk gele-verd en houdt het simpel. 'Ik ga jou geen dingen proberen te le-ren die je niet kunt,' zegt Chris steeds.

Ik judo met links, dus laat hij mij geen dingen met rechts doen. Chris heeft er twee jaar lang een paar worpen ingeslepen bij me, die kan ik nu dromen. Ik heb dankzij mijn trainer een ippon in huis. Mijn trainer weet donders goed waarmee ik het verschil kan maken: mijn pakking en vechtersmentaliteit. Mijn sterke punten probeert hij nog beter te maken, mijn zwakke punten mogen geen belemmering zijn. Chris is zich er ook heel goed van bewust wat er speelt in het judo. Als hij hoort dat er in een wedstrijd meer ruimte komt voor het grondgevecht, gaan we daar meteen meer op trainen.

Na de laatste training voor we naar Sydney gaan, zegt Chris: 'Je kunt verrassen op de Spelen.'

'Ik ga voor een medaille in Sydney,' roep ik stoer tegen iedereen die het wil horen. Ik ben net twintig jaar, kom nog maar net kijken op het hoogste niveau, maar zie niet in waarom ik geen olympische plak zou kunnen winnen.

Na aankomst in het olympisch dorp word ik meteen gegrepen door de grootsheid van de Spelen. We zitten met atleten uit allerlei sporten en van over de hele wereld bij elkaar en dat heeft grote impact op mij. Ik zit me te vergapen aan al die beroemde sporters die ik alleen ken van tv. Normaal gesproken kruip ik een paar dagen voor een belangrijk toernooi in mijn cocon. Maar in deze omstandigheden vind ik dat heel erg lastig. De openingsceremonie zie ik op tv, omdat het niet goed is om een paar dagen voor mijn wedstrijd urenlang op mijn benen te staan. Maar ik kijk wel en het maakt indruk. Op de eerste dagen van de Spelen is er meteen al Nederlands succes. Leontien van Moorsel pakt goud op de fiets, Pieter van den Hoogenband en Inge de Bruijn houden huis in het zwembad. Het is te druk, het is te veel. Dit is iets waar ik door Chris niet op ben voorbereid. Ik stuiter door het appartement in het olympisch dorp.

Het is 20 september 2000, de dag waarop Mark en ik allebei in actie moeten komen. Ik heb niet geslapen, ben zó gespannen. Na de weging 's ochtends om zeven uur probeer ik wat te eten. Door de stress heb ik geen trek, maar er moet wat in, want judoën op een lege maag breekt mij vroeg of laat op. Daarna gaan we naar de judohal. De tribunes zitten vol. Dat heb ik vaker meegemaakt, maar het gevoel is zo anders. Dit zijn de Spelen, hoe mooi is het om hier een medaille te winnen, zingt maar rond in mijn hoofd. Ik heb veel meer moeite om me af te sluiten.

In de trainingshal moet ik huilen, ik heb het gevoel dat het niet mijn dag is, terwijl het toernooi voor mij nog moet beginnen.

De Argentijnse Daniela Krukower is mijn tegenstander. Ik weet dat ik normaal gesproken beter ben, maar het lukt me door de spanning maar niet om te laten zien wat ik in me heb. Ik vecht vooral tegen mezelf. Straks vlieg ik er meteen al uit, dan is het hele gevecht met Claudia om naar Australië te mogen bijna voor niets geweest – het schoot vooraf al door mijn hoofd, en die gedachte komt tijdens mijn olympische debuut opnieuw omhoog. Dat gitzwarte scenario blijft me bespaard. Met hangen en wurgen win ik mijn eerste wedstrijd.

Blijdschap laat ik niet toe, de focus gaat meteen op de volgende wedstrijd. 'Mijn lichaam voelt zwaar, ik ben veel minder explosief dan normaal,' zeg ik tegen Chris. Alles lijkt extra kracht te kosten vandaag, en dat baart me grote zorgen. 'Het belangrijkste is dat je de eerste wedstrijd hebt gewonnen,' probeert Chris mij op te peppen, terwijl hij mij een tikje op m'n rug geeft. 'Vanaf nu kom je er vast beter in.'

Ook mijn tweede partij win ik. Ik voel geen blijdschap, met mijn hoofd naar de grond gericht storm ik naar de trainingsruimte. Chris volgt me. Over de vorige partij rept hij met geen woord, dat doen we nooit. Wat is geweest telt niet, het gaat om wat er komen gaat. 'Dat lome gevoel is nog steeds niet weg, verdomme,' roep ik. Mijn trainer gaat er niet op in, geeft alleen mijn volgende tegenstander door: Kate Howey.

Het echte werk begint nu. Een paar maanden geleden heb ik nog van Howey gewonnen in Rome. Chris somt de sterke en zwakke punten op van de Britse. Ik knik na elke aanwijzing en drink ondertussen uit een flesje water.

Een paar minuten later moet ik op. Ik vecht voor wat ik waard ben, schop, sleur en breng mijn zeven jaar oudere tegenstander aan het wankelen. De scheidsrechter stopt de partij. Ik houd mijn adem in, kijk verschrikt naar Chris. Waar ik bang voor ben, gebeurt. Ik krijg een strafje. Ik zie de klok: nog tien seconden. Paniek. Ik storm tegen beter weten in op haar af.

Ik vloek als ik de mat af loop, maar kan mij snel over de nipte nederlaag heen zetten. Dat moet ook, ik krijg nog een herkansing, kan nog brons winnen. Dan moet ik het opnieuw opnemen tegen een topper: de Belgische Ulla Werbrouck, olympisch kampioen in 1996 en acht jaar ouder dan ik. Ik blijf overeind in de vijf reguliere minuten van de wedstrijd. We gaan de verlenging in; elke score, hoe klein ook, betekent nu einde partij. Opnieuw onderbreekt de scheidsrechter de partij. Weer krijg ik een straf, ditmaal voor passiviteit. Mijn toernooi is klaar. Geen medaille, maar zevende.

Als ik de tatami af kom, barst ik in huilen uit. 'Je was er heel dichtbij, hebt het heel erg goed gedaan,' zegt Chris. Ik krijg schouderklopjes van andere coaches en judoka's van de Nederlandse ploeg. Maar ik vind dat ik heb gefaald, kan simpelweg niet tevreden zijn zonder medaille.

Wat het nog zuurder maakt: Howey, van wie ik een ronde eerder nipt verloor, haalt de finale.

Veel tijd om te treuren heb ik niet, Mark zit nog in het toernooi. We hebben afgesproken elkaar volledig met rust te laten op de wedstrijddag, zodat de emoties van de een geen effect kunnen hebben op de ander. Op de tv-schermen in de trainingshal heb ik hem een paar keer aan de slag gezien, maar ik liet de beelden niet tot mij doordringen. Chris, die in zijn trainingsjasje met heel groot 'Nederland' op de rug de hele dag van hot naar her liep om mij en Mark te coachen, vroeg ik er ook niet naar.

Het is knap dat Mark nog in de race voor goud is. Hij heeft zo'n zware loting! Normaal kom je twee of drie grote kanshebbers tegen, maar Mark is alle kanonnen in de klasse tot 90 kilo tegengekomen, en dat waren er maar liefst vijf. De Cubaan Yosvane Despaigne was zijn eerste tegenstander, en van hem had Mark op de laatste twee WK's verloren. Daarna kreeg hij de altijd zeer lastige Amerikaan Olson tegenover zich. De Roemeen Adrian Croitoru, de man van wie Mark in de EK-finale verloor, wachtte vervolgens.

Nu staat hij in de halve finale tegen Keith Morgan uit Canada. Ik heb mijn dikke blauw met oranje jas van NOC*NSF aangetrokken, zit te wiebelen op m'n stoel. Na twee minuten zet Mark een heupworp in. Een tel later ligt zijn tegenstander op de rug. Ippon! Ik voel de tranen weer komen, dit keer van blijdschap. Mijn vriend staat in de olympische finale!

Daarin neemt hij het op tegen de Braziliaan Carlos Honorato. Bij het WK werd hij een jaar eerder vijfde, met hem heeft niemand rekening gehouden. Ik sterf duizend doden op de eerste rij van de tribune, kan niet met mezelf uit de voeten en heb helemaal geen controle over mijn emoties en bewegingen. Ik gil, vloek, ga afwisselend zitten en weer staan.

Mark komt een yuko voor. 'Yes!' brul ik. Hij buigt voorover. Mark gaat heel dicht tegen zijn tegenstander aan staan en legt zijn hand op diens rug. Ik durf niet te kijken, sla mijn handen voor mijn ogen en vloek. Wat Mark doet is levensgevaarlijk, hij kan op deze manier zó worden geworpen. Ik zie de klok, de finale duurt al meer dan drie minuten.

Honorato steekt zijn rechterbeen tussen de benen van Mark en probeert zijn linkerbeen te haken. 'Nee, nee, nee!' schreeuw ik. Mark neemt de actie over en gooit er een armworp uit. Ze houden elkaar vast, staan allebei op één been, hun bovenlichamen hangen al horizontaal in de lucht. 'Ja, ja, ja!' roep ik nu. Ik spring op. Een fractie van een seconde later zit Mark op zijn knieën op de mat, terwijl hij een oerkreet slaakt en beide vuisten in de lucht steekt. Honorato ligt languit op zijn rug naast hem, zijn knieën opgetrokken en zijn armen naast zijn hoofd.

Ik zie Chris twee wijsvingers in de lucht steken; zo euforisch heb ik hem nog nooit gezien.

'Dat is mijn vriend, dat is mijn vriend,' gil ik, terwijl ik Marjolein huilend in de armen val. De tranen rollen niet voor het eerst vandaag over mijn wangen. Mark is na Anton Geesink, die in een oranje colbert langs de mat zit, en Wim Ruska pas de derde Nederlandse olympisch kampioen judo.

Mark slaat zijn handen voor zijn ogen en steekt daarna zijn armen nog een keer in de lucht. Ik krijg bijna geen adem, sta op de tribune en laat Marjolein maar niet los. Mijn vriend komt de mat af in zijn blauwe judopak, valt in de armen van Chris en komt daarna meteen naar mij toe. We omhelzen elkaar. Snikkend zeg ik: 'Je hebt het gewoon geflikt.'

Het hele stadion joelt, om ons heen is het een drukte van belang, maar het voelt of ik helemaal alleen met Mark ben. De knuffel lijkt wel minuten te duren, ik wil hem niet loslaten. 'Ik wist het gewoon,' zegt Mark in mijn oor, 'ik had al in mijn hoofd hoe ik Honorato ging werpen. Honderd procent dat ik olympisch kampioen zou worden.'

Ik voel koude rillingen over mijn rug, krijg kippenvel. We geven elkaar een zoen. Voor Mark door moet naar de medailleceremonie zegt hij nog een keer: 'Ik wíst voor de finale gewoon dat ik goud zou winnen.'

Ik veeg de tranen van mijn wangen en zeg tegen Marjolein: 'Het is hem gewoon gelukt. Olympisch kampioen! Hoe cool is dat?'

Het dubbele gevoel is bijna niet te beschrijven. Het zijn mijn eerste Spelen, ik ben verdrietig en niet tevreden over mijn eigen prestatie, maar tegelijkertijd ben ik in de zevende hemel omdat Mark het gewoon heeft geflikt.

7

2000-2002

De vriendin van

Na wedstrijden duurt het vaak lang voordat Mark kan plassen bij de dopingcontrole, en nu is dat niet anders. Ik kijk in de opwarmruimte naar het bosje bloemen in mijn handen dat hij bij de huldiging heeft gekregen en daarna aan mij heeft gegeven en wacht.

Chris komt bij me staan en geeft een tikje in m'n nek. Hij heeft vanmorgen twee grote sigaren meegenomen naar de judohal. Eén voor het geval Mark een medaille zou winnen, de andere als ik dat deed. Eén mag hij er straks dus op gaan roken. 'Die andere gaat ook een keer opgerookt worden, hoor, dat weet ik zeker,' heeft Chris net tegen de journalisten gezegd.

Ruimte om nu over mijn wedstrijden te praten is er niet. Dat doen Chris en ik ook nooit, we laten altijd eerst de zaak bezinken en komen er later, als we weer in Nederland zijn, op terug. Normaal ben ik meer dan een dag van slag, nu word ik meteen meegezogen door Circus Mark. Heel even denk ik aan de kansen die er wel degelijk lagen om ervoor te zorgen dat mijn coach vanavond twee sigaren had moeten roken.

De zaal is verlaten als Mark ruim twee uur na de finale eindelijk terugkomt. De gouden medaille heeft hij om zijn nek. 'Kom Edith, we gaan,' hoor ik. We worden naar een busje geleid, waar we met z'n drieën in stappen. Mark wordt in de haven van Sydney verwacht.

Hoe dichterbij we komen, des te meer in oranje gehulde mensen we zien. In de haven is het Holland Heineken House, een grote tent met een verdieping. Voor de deur ligt de schitterende replica van voc-schip de Batavia. We hebben al veel gehoord over de feesten die er vanaf dag één van de Spelen zijn gevierd – Mark zorgt voor de vijfde gouden plak in Sydney, terwijl de Spelen nog niet eens een week bezig zijn – maar de feeststemming hebben we nog niet ervaren.

Via de achterkant worden we naar binnen gebracht. Van achter het podium zien we dat de zaal mudjevol zit, 'Beautiful Day' van U2 dreunt uit de speakers. Mark krijgt een grote oranje cowboyhoed in z'n handen gedrukt door iemand van de organisatie: het is traditie dat medaillewinnaars die opzetten als ze zich toe laten juichen. Hij wordt door iedereen gefeliciteerd en ik word op mijn beurt weer gefeliciteerd omdat hij mijn vriend is. Mark wordt het podium op geroepen, zijn naam wordt gescandeerd en harde muziek knalt uit de boxen. Hij staat er verloren bij, gaat maar wat high fives geven aan de supporters die vooraan staan.

Ik mag daarna ook het podium op, voel me opgelaten. Natuurlijk vind ik het fantastisch, maar een podium betreed je in mijn beleving alleen als je iets hebt gewonnen. En dat heb ik niet. De reden dat ik hier nu sta, is omdat ik het meisje van de kampioen ben. Dit is een rol die ik niet ken. Ik weet niet wat ik ervan moet denken, maar alles gaat zo snel en ik heb geen tijd om erbij stil te staan.

Er wordt een fles champagne aangerukt, het is de bedoeling dat Mark daarmee gaat spuiten, maar hij besluit het keurig in glazen te schenken en op te drinken. 'Over vier jaar staan ze hier te zingen en te springen voor jou,' schreeuwt Mark in mijn oor. Ik lach en geef hem een zoen.

Na de huldiging zitten we met z'n tweeën in de atletenlounge. Voor het eerst zijn we echt even alleen en Mark vraagt heel geïnteresseerd naar mijn toernooi. Hij is heel lief voor me. 'Jouw prestatie is ondergesneeuwd en dat zal ze de komende periode ook blijven, maar vergeet niet dat het heel goed is wat je hier al hebt laten zien.'

We drinken nog wat en gaan daarna terug naar het olympisch dorp. Ik ben doodmoe. De wedstrijden, de verschillende emoties waartussen ik heen en weer word geslingerd, de lange dag: het heeft er allemaal flink in gehakt. We nemen afscheid, slapen niet in hetzelfde appartement. Ik omhels Mark, geef hem nog maar eens een stevige kus. 'Je bent gewoon olympisch kampioen, ongelooflijk,' zeg ik. 'Hoe zal je leven er vanaf nu uitzien?'

De volgende dag gaan we opnieuw naar de judohal om naar andere gewichtsklassen te kijken. Als je wint, heb je vrienden. Zeker in het geval van olympisch goud. Andere judoka's en coaches komen Mark feliciteren, toeschouwers willen een handtekening of op de foto. Mark krijgt uitnodigingen van sponsors en allerlei mediaverzoeken.

Ook ik krijg een interviewverzoek van de NOS. Mijn eerste gedachte is dat iemand met mij wil praten over de olympische titel van Mark. Dat blijkt niet zo te zijn. Mijn uitschakeling is door Claudia in Nederland met gejuich ontvangen, krijg ik te horen. In een radio-interview heeft ze geroepen: 'Ik ben heel blij dat Edith heeft verloren.' Mij wordt om een reactie op haar uitlating gevraagd. Ik kook vanbinnen, maar bijt op m'n tong: 'Het zegt alles over haar als mens dat ze dit roept,' zeg ik gespeeld koeltjes, 'zij heeft haar kans gehad en die niet gepakt. Ik wil alleen tegen haar zeggen: "Neem je verlies."' Verder wil ik niet reageren.

Ik snap best dat Claudia opgelucht is, het was voor haar pijnlijk geweest als ik een medaille had gewonnen. Bovendien was ik ook blij toen zij verloor bij het wk van vorig jaar. Maar ik heb dat niet hardop geroepen. Zoiets ga je toch niet op de radio vertellen?

'Ik ben helemaal klaar met Claudia,' zeg ik als ik naast Mark op de tribune plof. Hij zegt dat ik moet genieten van de Spelen en alle stress van de achterliggende periode eerst van me af moet laten glijden. 'Jij hebt makkelijk praten, jij bent olympisch kampioen,' mok ik.

Maar ik neem zijn advies ter harte. Met Mark hang ik de toerist uit. We eten wat we willen, hoeven even niet op ons gewicht te letten. Overal waar Nederlanders zijn, en dat is bijna overal het geval in Sydney, is Mark een attractie. Handjes schudden, foto's nemen en handtekeningen uitdelen. En als kampioen gaan de deuren voor hem open, en dus ook voor mij als zijn introducee. Kaartje voor een exclusief feest of een leuk event? Geen probleem. Organisatoren willen er dolgraag medaillewinnaars bij hebben. Ik kijk mijn ogen uit en sta versteld van wat er allemaal mogelijk is. Mark zit er allemaal niet zo op te wachten; hij zegt, terwijl de Spelen nog bezig zijn, dat hij zich een beetje begint te vervelen.

Er is één iemand die mijn vriend nog niet heeft gefeliciteerd, terwijl hij heel enthousiast aanwezig is: onze kroonprins en ioc-lid Willem-Alexander. Ik kom erachter als we in het vliegtuig van Sydney onderweg zijn naar Nederland.

Tijdens die vlucht stap ik op hem af. 'U heeft mijn vriend Mark Huizinga nog niet gefeliciteerd met zijn gouden medaille.' Willem-Alexander schudt mij de hand, maakt zijn excuses, stapt meteen op Mark af om zijn fout goed te maken.

Het is feest tijdens de terugreis. Uitbundige sporters staan her en der in het vliegtuig gezellig een drankje te doen. Er is alle reden tot een groot feest. 'We' zijn nog nooit zo succesvol geweest op de Olympische Spelen als in Sydney. De teller is blijven stilstaan op twaalf gouden, negen zilveren en vier bronzen medailles. Echt ongelooflijk voor het kleine maar in de sport-wereld grote Nederland. De medewerkers van de KLM vinden het super om ons naar huis te vliegen, maar al die gekkigheid maakt hun werk er niet makkelijker op.

Nederland heeft intens meegeleefd, hebben we begrepen. Dat blijkt op 3 oktober vlak voordat we landen op Schiphol. Mark wordt naar de cockpit geroepen. Als hij weg is, komen boven Nederlands grondgebied ineens drie F-16-straaljagers naast ons vliegen. 'Een cadeautje voor de hele olympische ploeg, maar in het bijzonder voor eerste luitenant bij de lucht-macht Mark Huizinga,' roept de piloot om. Ik glim van trots. Als Mark terugkomt uit de cockpit, waar hij een praatje heeft gemaakt met de piloten van de gevechtsvliegtuigen die hem namens Defensie feliciteerden, geef ik hem een beuk op z'n schouder.

Rustig naar huis gaan is er niet bij. De Nederlandse vlag wap-pert uit het raam van de cockpit als we richting de gate taxiën. En als we de slurf op Schiphol uit komen, is het meteen een drukte van belang. Overal fotografen, cameraploegen en men-sen. Het is werkelijk een gekkenhuis.

De medaillewinnaars dragen hun plak of plakken om de nek, zij krijgen de meeste aandacht. En dan vooral de hockey-mannen, Pieter van den Hoogenband, Inge de Bruijn, Leon-tien van Moorsel, Anky van Grunsven, Jeroen Dubbeldam en Mark als winnaars van goud. Mark wordt op zijn schouder ge-slagen, wordt voor tal van camera's getrokken, moet tientallen keren poseren voor fotografen. Hij laat zich niet gek maken, blijft vriendelijk en rustig. Ik zie dat hij er intens van geniet en dat vind ik mooi.

Het gaat er terug in Nederland veel hectischer aan toe dan in Sydney, merk ik meteen. In de jacht op de medaillewinnaars is alles geoorloofd. Iedereen doet er alles aan om in de buurt te komen. Mijn ouders en zussen staan ook in de menigte. Als ik ze zie, storm ik op ze af om ze te omhelzen.

Als we eindelijk onze straat in Vlaardingen in rijden, is die versierd. Familie en vrienden wachten ons op. Het is fijn om iedereen weer te zien. We zijn zes weken van huis geweest: eerst een paar weken acclimatiseren, voorbereiden en trainen in Japan, daarna de reis naar Australië. Ik vertel honderduit over al onze belevenissen. Met mijn familie praat ik even kort over mijn toernooi. 'Over vier jaar ben ik aan de beurt,' zeg ik strijdbaar.

De volgende dagen staan in het teken van huldigingen. Mark wordt benoemd tot Ridder in de Orde van de Nederlandse Leeuw, mag met de medaillewinnaars naar koningin Beatrix op paleis Noordeinde. Daarna gaat iedereen op weg naar de Ridderzaal. Premier Wim Kok zegt dat het hele land apetrots op ons is. Ik volg het hele tafereel van afstand en kijk mijn ogen uit. Wat bijzonder allemaal. Na het poseren op de buitentrappen van de Ridderzaal op het Binnenhof volgt een rijtoer door Den Haag; duizenden mensen staan langs de weg te applaudisseren.

Het feest is nog niet voorbij: Mark en ik worden een dag later ook nog samen met zwemster Wilma van Rijn en waterpoloster Daniëlle de Bruijn gehuldigd in Vlaardingen. Opnieuw komen vliegtuigen over als Mark op het podium staat.

En de olympische helden worden in het zonnetje gezet door Ivo Niehe in zijn *TV Show*. Ik zit in het publiek, terwijl Mark aan tafel zit. Op een gegeven moment vraagt Ivo hoe het is om samen te zijn met een olympisch kampioen judo. 'Ik lig mooi wel in bed met een goudenmedaillewinnaar,' reageer ik gevat als mij om een reactie wordt gevraagd.

Na de huldigingen wordt het rustiger, maar het contrast met de tijd vóór de Spelen blijft immens. Filmpremières, tv-programma's, feesten: Mark kan overal terecht als hij wil. Kindjes staan voor de deur met afgescheurde papiertjes voor een handtekening. Op straat wordt er omgekeken als hij passeert, in de supermarkt is het interessant wat de olympisch kampioen in zijn mandje doet. En overal knopen mensen een praatje met hem aan.

Mij bekruipt het gevoel dat het hele land mij ziet als 'het vriendinnetje van', en dat voelt niet goed. Ik heb het gevoel dat ze mij zien als het aanhangsel van Mark. Mensen dringen zich op, duwen zich tussen ons in, beginnen een gesprek met Mark en keren mij dan de rug toe alsof ik er niet sta. Of er wordt even naar me gekeken, waarna er wordt gezegd: 'Dus jij bent het vriendinnetje van Mark?' Ik moet mijn best doen om aardig te blijven. Ik vind het echt ongelooflijk hoe onbeleefd mensen kunnen zijn.

Thuis hebben we het erover. Mark kan er ook niets aan doen; hij is niet veranderd, de ménsen kijken anders naar hem. Mark steunt me, is heel erg lief. Hij probeert me bij de gesprekken te betrekken met de mensen die mij in eerste instantie niet zien staan.

Ik heb ineens zoveel respect voor de partners van sporters die in de schijnwerpers staan. Zij maken dit dus al jaren dag in dag uit mee. Het is logisch dat de aandacht naar jouw partner gaat, en toch… Mensen vragen niet eens hoe het met je gaat. Je bent iemand, maar toch ben je niemand. Telkens als mensen mij links laten liggen en op Mark afstormen, geeft dat mij het gevoel dat ik heb gefaald in Sydney. De Spelen hadden het podium moeten zijn om mezelf op de kaart te zetten, maar nu heb ik juist het gevoel dat ik er niet toe doe.

Ik heb gesnakt naar de training, maar eerst volgt de langver-
wachte evaluatie van Sydney. Ik heb wel wat punten die ik aan
wil stippen, maar Chris is me voor. 'Ik had het anders moeten
doen, heb jou te veel laten zwemmen,' zegt hij schuldbewust.

Tot dat inzicht ben ik ook gekomen, nog tijdens de Spelen.
Ik had meer sturing nodig, steek anders in elkaar dan Mark,
die zich tijdens zijn eerste deelname meteen overal voor af
kon sluiten. Chris heeft gedacht dat dat bij mij ook allemaal
vanzelf zou gaan. Zo menselijk heb ik Chris nog nooit meegemaakt. Hij geeft toe dat hij fout zat. Ik vergeef het hem meteen.

Na het gesprek wil ik direct keihard aan de slag. Door alles
wat ik heb meegemaakt met Mark weet ik één ding zeker: ik
moet harder trainen, nog vaker keuzes maken. Ik wil niet alleen de beste van de wereld worden, maar vanaf nu wil ik ook
laten zien dat ik meer ben dan het vriendinnetje van Mark
Huizinga. Ik leg de lat onrealistisch hoog, vergeet daarbij dat
Mark zeven jaar ouder is en dus ook een stuk verder.

Van Claudia heb ik in elk geval geen last meer. Zij heeft geen
trek meer in een machtsstrijd met mij en besluit over te stappen naar een hogere gewichtsklasse. Ik moet lachen als ik het
hoor. Opgelucht ben ik niet. Mijn doel is niet de beste van Nederland te worden, maar van de wereld. Tijdens de bondstraining kom ik Claudia voor het eerst tegen sinds het radio-interview waarin ze vertelde blij te zijn met mijn nederlaag in
Sydney. Ze maakt haar excuses. 'Ik had dat niet moeten zeggen,
we moeten toch nog met elkaar door één deur.' Ik antwoord:
'Ik vind het heel raar dat je het hebt gezegd, vriendinnen hoeven we niet te worden, maar laten we in elk geval proberen respectvol met elkaar om te gaan.'

Ik krijg voor Claudia een nieuwe concurrent terug: Nicky
Boontje. Wij zaten samen in de juniorenploeg en zijn judo-
vriendinnen. De vriendschap ging niet zo diep als die met Me-

rel, dat liet ik ook niet meer toe. Maar Nicky, die twee jaar ouder is dan ik, werd wel mijn maatje. We woonden niet dicht bij elkaar, daarom belden we elkaar geregeld en we schreven brieven. Tussen mijn en haar ouders klikte het ook nog eens; tijdens wedstrijden zaten ze bij elkaar op de tribune.

In de zomervakantie ging ik samen met Nicky een keer op Tienertoer naar de Apenheul. En ik ben twee weken met het gezin Boontje mee geweest naar de camping in Zuid-Frankrijk. We hebben het altijd zo leuk met elkaar.

Maar nu zitten we ineens allebei in de klasse tot 70 kilo: Nicky maakte de overstap van een lagere gewichtsklasse. We weten allebei wat er gaat gebeuren. Er valt nu echt wat te winnen en te verliezen. We zoeken elkaar op. Ik zeg tegen haar: 'Er gaan nu dingen veranderen, we kunnen niet meer op dezelfde manier met elkaar omgaan.' Nicky knikt.

Misschien was het anders geweest als we een andere sport hadden gedaan, maar nu moeten we tegen elkaar vechten. We slapen niet meer bij elkaar en tijdens telefoongesprekken laten we niet meer het achterste van onze tong zien. We spraken altijd veel over judo; dat doen we nu niet meer om de ander niet wijzer te maken. Dat wat ons jaren heeft gebonden en wat voor ons een van de belangrijkste gespreksonderwerpen was, bespreken we niet meer met elkaar.

In veel andere sporten is het mogelijk om bevriend te zijn met concurrenten, maar binnen het judo is dat bijna onmogelijk. Er is maar één plek te vergeven voor de grote toernooien, en dat ticket gun je jezelf het meest. Daarnaast doen we aan vechtsport, waarbij het oerinstinct om ten koste van alles te overleven naar boven komt.

De vriendschap bekoelt; toch hebben we niet ineens een hekel aan elkaar. De strijd met Nicky is heel anders dan die ik met Claudia voerde. Wij hebben veel meer respect voor elkaar, al wil je tijdens de training natuurlijk echt de ander wel even laten zien hoe goed je ervoor staat. Het is dat het judo tussen ons in staat, want ik vind haar nog steeds een heel leuke meid. We gaan elkaar ook niet uit de weg, blijven gewoon met elkaar in gesprek. We trainen keihard samen en dat gaat eigenlijk altijd zonder een wanklank. We ruziën niet, daar vinden we elkaar te leuk voor. We komen elkaar nog tegen op feestjes en dan is het ook goed tussen ons. Toch blijft het moeilijk en jammer dat het allemaal ineens niet meer zoals vroeger kan.

In het voorjaar van 2001 komen we tegenover elkaar te staan in de finale in Warschau. Ik ben favoriet, ben ook sterker en sta voor. Maar ik slaag er niet in Nicky op haar rug te gooien. Tien seconden voor tijd plaatst ze nog een alles-of-niets-aanval. Ik word verrast, krijg een yuko tegen, Nicky wint goud. Ze verslaat me niet alleen, ze mag ook ten koste van mij naar het EK. Ik feliciteer Nicky oprecht, maar wat ben ik ziek van deze nederlaag.

Nicky heeft mij op scherp gezet. 'Je moet geduld hebben, de stap van de top bij de junioren naar die bij de senioren kost tijd,' zegt Chris, die rustig verdergaat met het werken aan mijn technieken. Maar geduld heb ik niet; steeds vaker begin ik mijn frustraties te botvieren op mijn veertig jaar oudere coach. Chris ondergaat het, hij weet hoe ik in elkaar steek en laat me uitrazen.

Mark en hij hebben aan een half woord genoeg, maar dat is bij mij niet het geval. Ik vraag bij alles wat Chris opdraagt: 'Waarom?' Het verrast Marjolein, die als bondscoach ook vaak mijn coaching en training verzorgt als Chris verhinderd is, keer op keer hoe wij met elkaar omgaan. Zij vindt dat Chris een 'softie' aan het worden is. Vroeger, toen zij onder Chris trainde, was hij anders. 'Hij heeft me ooit zonder pardon terug naar huis gestuurd toen ik vier minuten te laat was voor de training,' zegt ze. 'Chris was veel harder en strenger dan nu.'

Ik ben heel erg ongeduldig geworden na de Spelen van Sydney. Geregeld pak ik de doos waar Marks olympische gouden medaille in zit. Ik pak hem er dan uit en kijk ernaar. Hij is zo mooi! Ik wil meer en ik wil het nú. Na een slechte training zit ik nog vaker te huilen dan voorheen. 'Ik wil morgen al olympisch kampioen zijn,' snotter ik. Mark lacht en slaat dan liefdevol een arm om mij heen: 'Maar morgen zijn er geen Olympische Spelen.'

In 2002 boek ik mijn eerste echte resultaten bij de senioren. Bij het toernooi van Parijs, het meest prestigieuze judo-evenement na het WK en EK, pak ik brons. Ik ben goed bezig om mezelf op de kaart te zetten, wil dat mensen mij los gaan zien van Mark. In mijn hoofd maak ik het 'vriendin-van-zijn' heel groot. Mijn bewijsdrang is *sky high*.

We wonen nog samen in een huurhuis in Vlaardingen, maar na de Spelen wil Mark investeren in een huis. Hij duikt er helemaal in. Ik denk dat het zo'n vaart niet zal lopen, maar sneller dan ik dacht vindt Mark een heel mooi en groot huis in Schiedam.

De gedachte aan huisje-boompje-beestje benauwt mij. Het wordt nu wel heel serieus, terwijl ik net tweeëntwintig ben. Wil ik dit wel echt? Een koophuis is zo'n grote stap, als ik die zet, kan ik voor m'n gevoel niet meer terug. Ik zeg niets over mijn twijfels tegen Mark.

Ik worstel ermee en begin langzaamaan steeds meer te verlangen naar mijn vrijheid. Vind ik Mark echt wel leuk, vraag ik mezelf geregeld af. Het gevoel dat ik mezelf nog niet vast wil leggen en dat ik meer van de wereld wil ontdekken, wordt steeds sterker. Ik probeer de gedachten weg te drukken.

Maar het is op en ik snap er niets van. Ik heb zo gevochten. Eerst om Mark voor me te winnen. Daarna moest ik strijden in onze relatie en tegen de ex van Mark, die ook nog eens een kindje met hem had. Vervolgens was er de gouden medaille waardoor veel veranderde en waardoor ik moest strijden om te laten zien dat ook ik een goede judoka ben. Telkens ben ik overeind gebleven en nu de relatie in rustiger vaarwater komt, weet ik niet goed hoe ik daarmee om moet gaan. Het enige wat ik weet is dat ik een gevoel van liefde mis.

In de zomer van 2002 ben ik met Marjolein op trainingskamp in Frankrijk. Zij is de eerste met wie ik mijn worsteling deel. 'Het gaat niet meer, ik kan het niet meer en ik wil het niet meer,' vertel ik haar in tranen.

Marjolein praat op me in: 'Het valt vast wel mee, kijk eerst maar hoe je je voelt als je weer thuis bent.'

Ik zeg: 'Mijn moeder heeft altijd gezegd dat als het zover is, ik dat in één keer zal voelen. En dat moment is nu.'

Tijdens de terugreis pieker ik me suf, maar ik besluit het advies van Marjolein ter harte te nemen. Het zorgt voor rust in m'n hoofd.

Thuis is Mark blij mij te zien. Maar het verstikkende gevoel is meteen in alle hevigheid terug. Ik zet thee en zeg tegen Mark dat ik met hem wil praten. We gaan samen op onze kakikleurige bank zitten. Ik val meteen met de deur in huis. 'Ik wil dit niet meer,' zeg ik in tranen. Daar zit ik dan, in trainingspak. Ik kijk naar Mark, die tegenover me zit.

Mark heeft dit geen moment aan zien komen, hij is er helemaal kapot van. De handtekening onder het koopcontract is net gezet. Hij zal het nieuwe huis in zijn eentje moeten gaan betrekken. Ik vind het zo sneu voor hem.

Hij staat op van de bank en vraagt naar het waarom. 'Ik ben nog niet toe aan zo'n grote stap,' zeg ik.

Ik voel me opgelucht nu het hoge woord eruit is. Ik ben er nooit eerder over begonnen tegen Mark. Voor mijn gevoel doe ik hem een plezier door, zij het wat laat, toch deze beslissing te nemen. Maar wat ik vergeet is dat het Mark rauw op zijn dak valt.

'Het beste is dat ik meteen wegga,' zeg ik. Ik bel Marjolein en vertel over het besluit dat ik heb genomen. Zij weet meteen iets voor mij te regelen: ik kan tijdelijk terecht in Brielle, op een donkere zolder met puntdak bij een stel kunstenaars. Ik loop naar boven, pak een tas met kleding in. Als ik beneden kom, zit Mark nog steeds op de bank. Ik zeg dat we nog zullen bellen, we geven elkaar een kus en een knuffel. Ik loop via de achterdeur en de achtertuin naar mijn auto. Het is over.

8

2002-2004

Bitch Edith

Op de club komen Mark en ik elkaar bijna dagelijks tegen na de breuk. We hebben in Chris immers dezelfde trainer. Mark kan zijn verdriet goed verbergen en gaat me niet uit de weg. 'Ik neem jou niets kwalijk,' zegt hij tegen me. Ik vraag hem nog altijd om advies, maar anders is het contact natuurlijk wel.

Ik sta nu op eigen benen, heb me voorgenomen dat ik me veel onafhankelijker ga opstellen. Dat betekent dat ik nog harder en stoerder voor de dag kom dan ik al deed. Ik heb inmiddels de bijnaam *Bitch Edith* en ben daar trots op.

Ik word gevreesd, meiden trainen liever niet tegen me omdat ik op maandagochtend net zo fanatiek ben als tijdens wedstrijden. Ik schop, sjor en sleur alsof mijn leven ervan afhangt. Als ik mijn sparringpartner pijn doe, heeft ze pech gehad. Risico van het vak. Op empathie hoeft zij niet te rekenen. Ik zucht en kijk geïrriteerd, terwijl ik mijn handen in mijn zij zet; zonder het te zeggen, geef ik aan: opstaan of wegwezen. Het maakt mij niet uit of dat iemand op de club, van de kernploeg of een buitenlandse judoka is die ik tref tijdens een trainingskamp; iedereen die mijn kostbare trainingstijd verspilt, moet het ontgelden.

Ook buiten de judozaal doe ik mijn best mijn imago van kreng kracht bij te zetten. Als ik ergens binnenkom, wil ik dat het niemand ontgaat. Ik zeg luid en recht voor z'n raap wat ik ergens van vind. Mensen deinzen voor mij terug. Ook met mijn lichaamstaal probeer ik een statement te maken: ik ben Edith en ik ben niet voor de poes. Als ik een ruimte betreed, heb ik mijn kin in de lucht, mijn schouders naar achteren en ik zoek oogcontact. Het is mijn strategie om te laten zien dat ik de regie heb.

Ik vind het fijn dat mensen bang voor me zijn of tegen me opkijken. Als ik met andere vrouwelijke judoka's wat ga drinken, waagt geen enkele man het bij mij in de buurt te komen. Op mijn voorhoofd staat nog net niet: 'Fuck off.' Maar ik straal uit dat-ie bij mij geen schijn van kans heeft.

Als ik verbaal in het nauw word gebracht, ga ik uit de hoogte doen. Ik weet dat ik lelijk uit de hoek kan komen, maak van alles in het leven een wedstrijd en wil me er niet onder later krijgen. Dus doe ik net of ik het beter weet, beter ben, of beide. Ik heb een houding van: ik ben alles en jij bent niets. Op die manier voel ik me veilig, zo zorg ik dat ik niet word gekwetst.

'Sorry mam, maar ik vind niet dat Edith op een normale manier tegen jou praat,' zegt Karen als we met het hele gezin bij mijn ouders zijn. Ik ben een perfectionist, kan wat dwingend en drammerig overkomen. Ik twijfel weleens of ze thuis inzien wat er nodig is om mee te draaien in de internationale judotop, anders zouden ze niet zo zeuren als ik soms veeleisend ben.

Als ik vind dat er niet voldoende rekening met mij als topsporter wordt gehouden, zeg ik daar iets van. Soms komt het hard over wat ik zeg, maar dat is nu eenmaal wie ik ben. En als dingen keurig zijn geregeld dan zeg ik niet snel 'dank je wel', complimenten geven zit niet zo in mij. Dus als er eten op tafel komt dat niet past in mijn voedingsschema, dan kan ik geïrriteerd reageren. En als een familie-uitje zo is gepland dat ik geen wedstrijd of training mis, dan vind ik dat niet meer dan normaal. Zij kunnen hun schema gemakkelijker omgooien dan ik. Zoals mijn familie ook moet begrijpen dat rust en regelmaat belangrijk zijn voor mij; het kan dus voorkomen dat ik op het laatste moment een afspraak af moet zeggen omdat de training te veel van me heeft gevergd. Topsporters moeten nu eenmaal egoïstisch zijn. Van mijn moeder hoor ik trouwens nooit dat ik te veel van haar vraag, zij toont altijd begrip en neemt het voor me op.

Mijn coach maak ik het leven zuur. Chris weet dat ik die strijd met hem nodig heb, ik eis zoveel van mezelf en heb af en toe een uitlaatklep nodig. Hij is voor mij die boksbal waar ik me op kan afreageren. Als Chris zegt dat ik linksaf moet, kies ik steeds vaker voor rechts. Bij alles wat ik doe, blijft hij rustig of haalt hij zijn schouders op. Mark heeft me weleens verteld dat hij van onze strijd geniet, mij als een uitdaging ziet en dat het 'nooit saai is met die rare Bosch'.

Veel dieper dan de relatie tussen coach en pupil gaat onze band niet. Chris ziet Mark bijna als zijn derde zoon, tussen ons is dat anders. Wij hebben eerder een verstandshuwelijk. Chris is een fantastische trainer en coach, kan heel goed mijn kwaliteiten inschatten en hij maakt van mij een heel goede judoka, maar op menselijk vlak kan ik niet veel met hem. Hij blijft in zijn doen en laten toch die oud-commando. Privé en sport houden we ook strikt gescheiden. We zien elkaar niet buiten de judohal, als we elkaar bellen is het gesprek altijd kort en judo-gerelateerd.

Op sportgebied kan ik met alles bij Chris terecht, hij helpt me echt. Maar gevoels- en privézaken bespreek ik niet met hem. Als ik voor een wedstrijd zeg dat ik zenuwachtig ben, dan mompelt Chris: 'Dat is helemaal niet nodig. Druk is iets wat je jezelf oplegt.' Dan kijk ik hem hoofdschuddend aan: 'Maar Chris, daar heb ik nu toch niets aan?'

Als hij me vraagt hoe het met me gaat, zeg ik altijd: 'Goed, hoor.' Hoe ik me echt voel, verzwijg ik, het heeft toch geen zin om het daar met hem over te hebben. En als ik aan Chris vraag hoe het met hem gaat, krijg ik ook altijd te horen dat het prima gaat.

Volgens schrijver John Gray komen mannen van Mars en vrouwen van Venus. Chris is de uitzondering, hij komt namelijk van Pluto. 'Jij begrijpt helemaal niets van vrouwen, het was goed voor je geweest als je ook een dochter had gekregen,' zeg ik geregeld tegen hem.

Chris kan zo denigrerend over vrouwen doen, dan heeft hij me zó op de kast. Van dat misplaatste superioriteitsgevoel gaan mijn nekharen overeind staan. Hij heeft een onwijs leuke vrouw, maar hij zegt dat hij makkelijk zonder haar zou kunnen. Zo respectloos. 'Josephine verdient de Nobelprijs voor de Vrede, hoe houdt ze het in vredesnaam met jou uit? Ik heb echt medelijden met haar,' zeg ik tegen hem.

De laatdunkende manier waarop hij over vrouwenjudo praat, trek ik ook heel slecht. Met een lachje kan hij zeggen 'dat het er toch niet uitziet wat die dames laten zien'. De mannen komen al sinds 1964 uit op de Spelen, voor ons kwam judo pas op de olympische agenda in 1988; natuurlijk lopen wij achter. Ik reageer vaak door te zeggen: 'Wat zegt het dan over jou dat jij meer succes hebt gehad met dames dan met heren?'

Ik vecht voor de vrouwen binnen onze judoschool Budokan. Chris regelt voor de nationale teamwedstrijden voor alle mannen een pak, het vrouwenteam krijgt niets. Terwijl wij veel vaker in de prijzen vallen dan de heren. 'Als je alleen wat regelt voor de mannen, dan kom ik niet meer voor het team uit. Ik vind dit zo belachelijk,' blaf ik tegen Chris.

Ik voel me niet serieus genomen door Chris. Hij meet met twee maten. Ik houd woord en trek me terug uit het team. Wat ik misschien nog wel vervelender vind, is dat Chris gewoon zijn schouders ophaalt en er ogenschijnlijk niet mee zit.

Marjolein is veel menselijker. Zij is ook judoka geweest, heeft onder Chris getraind, is daarna uit het judo gestapt en heeft haar eigen sportschool. Ze is sinds 1997 als bondscoach bij alle toernooien aanwezig, is nog altijd bloedfanatiek en doet vaak de conditie- en krachttrainingen met ons mee alsof ze ook nog topsporter is.

Chris coacht mij tijdens de toernooien, maar ook Marjolein staat achter de schermen altijd voor me klaar. Als Mark en ik gelijktijdig op trainingskamp gaan, dan gaat Chris met Mark mee en Marjolein met mij. Lein is mijn steun en toeverlaat, bij haar kan ik altijd terecht als ik ergens mee zit.

Maar we voeren ook vaak een verbeten strijd. Ik schop tegen alles aan, stuiter alle kanten op en heb een grote mond als iets mij niet zint. Als er iets te zeuren valt of de training voor mij niet lekker is gegaan, moet Marjolein het ontgelden. Waar ik Chris niet kan raken, is zij wel gevoelig voor mijn recalcitrante gedrag.

Als Marjolein mij tijdens de training iets opdraagt, ga ik vaak de confrontatie aan. Ik heb er een hekel aan als ik dingen moet. Ik zie het als een spel om haar gezag te ondermijnen. 'Ik ga het gewoon niet doen, al ga je op je kop staan,' zeg ik als ze ons een bepaalde trainingsvorm wil laten doen. Ook erger ik mij geregeld aan de andere meiden in de ploeg: en maar klagen over Marjolein, maar als puntje bij paaltje komt durven ze niets te zeggen. Ik zeg tenminste gewoon wat ik vind.

Als ik weer eens iets weiger, wordt Marjolein heel boos en zegt: 'Als jij het niet doet, laat ik je thuis voor de volgende wed-strijd.'

'Dat ga je echt niet doen,' reageer ik. Om daarna mokkend, hoofdschuddend, zuchtend en Marjolein negerend toch de oefening te doen.

Ik heb haar heel wat keren vervloekt. Eén keer was ik tijdens een trainingskamp weer eens woedend. Ik beende weg, liep naar m'n hotelkamer, smeet de deur open en riep: 'Wat een ongelooflijke trut is dat, zeg!' Ik wist niet dat Marjolein achter me liep op de gang. 'Wat zei je, Edith?' Ik keerde me om en zag haar in de deuropening staan. Betrapt. 'Je hoorde toch wat ik zei? Ik wil er nu niet over praten. Punt!'

Marjolein is mij ook geregeld spuugzat. Dan roept ze: 'Ik ben helemaal klaar met jou, heb even geen zin om jou te zien.'

Soms voel ik me als de emoties zijn bekoeld schuldig, zeg ik 'sorry', maar ga ik vervolgens meteen mijn gedrag goedpraten. Vaker kom ik er helemaal niet meer op terug als we een aanvaring hebben gehad, doe ik de keer erop alsof er niets is gebeurd en zijn we weer dikke maatjes.

Ik ben niet de makkelijkste, dat weet ik. In mijn leven draait het om judo, judo en nog eens judo. Ik ben keihard voor mezelf en ook voor mijn omgeving. Ik vind het heel normaal dat ik mij geregeld afreageer op anderen. Als ze zich in mij kunnen verplaatsen, snappen ze heus wel waarom ik de dingen zo doe.

Mijn straatvechtersmentaliteit zorgt ervoor dat ik het maximale uit mijn mogelijkheden als judoka haal, die bewijzen krijg ik de laatste tijd. De concurrentiestrijd met Nicky heb ik in mijn voordeel beslist. In 2002 haalde ik de finale van het EK in Maribor. Ik verloor omdat ik te gespannen was. Een jaar later werd ik bij het EK in Düsseldorf in de halve finale gediskwalificeerd wegens een verboden staande armklem. Onterecht. Iedereen was het met mij eens, op de scheidsrechterscommissie onder leiding van de Nederlander Jan Snijders na. Ze gaven aan dat ik fout zat, maar legden mij niet uit wat ik precies verkeerd deed. Ze zwegen, wat bij mij grote vraagtekens opriep. Jan Snijders kwam op mij over als iemand die bij iedereen een wit voetje wilde halen, en dat ten koste van de Nederlandse judoka's. Wat was ik ziek van de diskwalificatie; weg Europese titel die ik had moeten winnen.

Bij het wk in Osaka doe ik er een schepje bovenop. Ik win brons.

Stapje voor stapje ben ik de absolute top genaderd. En nu, in het olympisch jaar, vallen alle dingen echt op hun plaats.

Het regent op 15 mei 2004 ippons in de kille sporthal Polivalenta in Boekarest tijdens het ek. De ene na de andere tegenstander gooi ik binnen de kortste keren op haar rug. Na elke overwinning storm ik met een fanatieke kop de mat af, terug richting mijn kooi: de trainingsruimte.

Ik stoom fluitend door naar de finale. En dan steken de zenuwen weer de kop op. Ze gieren door mijn buik. Voor ik de mat op moet, ren ik naar de wc. Daar gaat mijn maaginhoud. 'Je kunt je niet voorstellen hoe graag ik wil winnen,' zeg ik tegen Chris, 'ik doe en laat er alles voor. Echt alles.'

In de finale wacht de Spaanse Cecilia Blanco, een taaie tegenstander met wie ik het altijd lastig heb. Ik kijk haar aan, met mijn handen check ik of de elastiekjes die de twee staartjes op mijn hoofd op hun plaats houden goed zitten. Daarna doe ik de handen in mijn zij, hup ongedurig van mijn ene op mijn andere been.

Als de scheidrechter heeft aangegeven dat we mogen beginnen, storm ik op mijn tegenstander af. Als een wervelstorm ga ik tekeer. Blanco weet niet waar ze het moet zoeken, ze houdt het de volle vijf minuten vol, maar heeft geen schijn van kans.

Ik laat me met m'n rug languit op de mat vallen, sla mijn handen voor m'n ogen. Ik huil. Dit keer niet van teleurstelling, maar van geluk en opluchting. Ik ben Europees kampioen! Eindelijk heb ik een grote titel gewonnen bij de senioren.

Ik stort me in de armen van Chris als ik de mat af kom; mijn immer stoïcijnse coach is er beduusd van. Hij weet dat het aan me knaagde dat ik nog geen hoofdprijs had gewonnen. De twijfels zijn in één klap weggenomen. 'Zie je wel dat je het kunt,' zegt Chris in m'n oor.

'Als het hier niet was gelukt, denk ik dat het heel moeilijk was geworden Edith mentaal klaar te krijgen voor de Olympische Spelen,' hoor ik Chris later in de catacombe van het stadion tegen journalisten zeggen. 'Ze kan het, dat wist ik al. Maar Edith hield die twijfels in haar hoofd. Nu weet ze ook wat ik al een tijdje wist: dat ze top is.'

Ik kijk goed naar de gouden medaille die ik om mijn nek gehangen krijg. Dit ek is de generale repetitie voor de Spelen in Athene. Ik weet nu dat ik kan winnen. Mark, die net zilver heeft gewonnen, feliciteert me uitbundig, weet als geen ander hoezeer ik gesmacht heb naar deze titel. Marjolein komt glunderend op me af, ze wijst naar me. 'Ik ben nu niet meer te stoppen, door niemand,' zeg ik tegen haar als we elkaar omhelzen.

9

2004

Olympische Spelen Athene:
Silver is the first loser

Tegen Inge de Bruijn en Leontien van Moorsel kijk ik op. Ik ben hen na de Spelen in Sydney, waar ze allebei drie keer olympisch goud wonnen, vol bewondering blijven volgen. Inge is om de top te bereiken in haar eentje naar Amerika gegaan en is keihard aangepakt door haar trainer Paul Bergen. Ik heb met open mond de reportage over haar van de NOS gezien. Kippenvel. Leontien heb ik een paar keer gesproken. Zij heeft anorexia overwonnen, is teruggekeerd om opnieuw alles te winnen. Wat een heldin!

En nu word ik net als zij getipt als grote kanshebber voor olympisch goud in Athene. Ik blaak sinds de Europese titel van het zelfvertrouwen, tegen iedereen die het maar horen wil, roep ik: 'Ik kom voor niets minder dan goud.'

Ik zie Mark met de Nederlandse vlag het Olympisch Stadion binnenlopen, heb er net als vier jaar geleden voor gekozen om de openingsceremonie op tv te volgen. Ik doe alles om krachten te sparen in de aanloop naar mijn wedstrijddag. Een paar uur op mijn benen staan in het Olympisch Stadion heb ik meteen geschrapt. Voor mijn gemoedstoestand zou het ook niet goed zijn, ik ben de dagen voor een toernooi altijd zo onrustig en gestrest. En om het minste kan mijn gemoed omslaan. Als dat gebeurt, moet ik weg kunnen.

Vooraf heb ik alles dit keer heel goed gepland. Routine is voor mij erg belangrijk. Door alles in de aanloop naar een wedstrijddag precies op dezelfde manier te doen, heb ik houvast en krijg ik iets meer rust. Ik weet dankzij de Spelen van vier jaar geleden wat ik kan verwachten en laat mij dit keer niet verrassen door de grootsheid van het evenement.

In mijn draaiboek staat dat ik pas twee dagen voor mijn wedstrijddag mijn loting wil weten. Het horen van de naam van mijn eerste tegenstander is zó spannend. Op de Olympische Spelen bestaat voor mij geen makkelijke loting, omdat de druk er zo op zit. Ik loop al jaren mee, maar wennen doet het nooit. Vanaf het moment dat ik mijn loting weet, ga ik lopen malen. Mijn tegenstander krijgt dan ineens een gezicht en een naam. Ik kan mezelf dan niet meer voor de gek houden, weet dat het niet lang meer zal duren voordat ik echt aan de bak moet. De eerste wedstrijd judo ik in mijn hoofd vooraf honderden keren. Ik lig er ook wakker van.

Twee dagen is precies lang genoeg om te wennen aan de realiteit. Eerder wil ik mijn loting absoluut niet weten, want dan loop ik te lang met de spanning in mijn lijf rond, en dat vreet energie.

Binnen de judoploeg weet iedereen dat ze mij met rust moeten laten in de aanloop naar een wedstrijd. Niet te veel zeggen en zeker niet over de loting beginnen.

In Athene komt de fysiotherapeut vier dagen voor mijn wedstrijddag op me af. 'Klote dat je tegen die Spaanse moet beginnen, hè,' zegt ze tegen me. Ik denk dat ik gek word. 'En bedankt, dat wil ik dus niet weten verdomme,' roep ik woedend tegen haar. 'O, sorry,' mompelt ze. Marjolein is ook woedend, scheldt de fysio de huid vol.

Ik zonder mij meteen af, begin te huilen. Mijn zorgvuldig opgestelde draaiboek is in de war, weg is mijn houvast. Marjolein praat op mij in, maar ik hoor niet eens wat ze zegt. Ik zie alleen maar het gezicht van Cecilia Blanco voor me, mijn tegenstander in de EK-finale van drie maanden geleden, de vrouw tegen wie ik het heel vaak erg lastig heb.

Marjolein stapt op Chris af en ik zie hun bezorgde gezichten. Ik ben uit balans, dat weten ze. Zonder dat ik het hoor, weet ik dat ze nu bespreken hoe ze mij weer bij de les gaan krijgen. Mijn lichaam kolkt vanbinnen. Frustratie, boosheid, angst, twijfel en onzekerheid gaan van links naar rechts.

Chris en Marjolein weten mij de dagen erna weer een beetje rustig te krijgen. Ze houden mij goed in de gaten, maar energie heeft deze blunder mij zeker gekost.

De laatste nacht doe ik amper een oog dicht. Als ik mijn ogen sluit, zie ik Blanco voor me. Alle verschillende scenario's spelen door mijn hoofd; ik heb alleen vannacht al duizend keer tegen haar gejudood.

De angst om te verliezen neemt bezit van mij. Geen moment denk ik: ik heb er zin in! Ik ben onzeker, hoewel mijn voorbereiding heel goed is gegaan. Bij judo kun je nog zo goed getraind zijn en in bloedvorm verkeren, je hebt niet in de hand wat jouw tegenstander gaat doen. Iemand gaat mij aanvallen, letterlijk. Dat komt zo dichtbij. Een fractie van een seconde niet opletten en ik lig op m'n rug. Dat maakt het zo'n stressvolle sport. En de druk is nog nooit zo groot geweest als nu. Dit is mijn kans om voor altijd als olympisch kampioen door het leven te gaan, het moment waar ik jarenlang naartoe heb geleefd.

Op 18 augustus 2004 ga ik om zes uur mijn bed uit. Ik kijk in de spiegel, zie een vrouw met een grauw en gepijnigd gezicht. 'Stress' staat met dikke hoofdletters op mijn voorhoofd. Ik probeer mezelf aan het lachen te maken door hardop te zeggen: 'Ik ga vandaag geen volle zalen trekken met zo'n kop.' Het werkt niet.

Marjolein komt mij om halfzeven ophalen, ik moet naar de weging in het olympisch dorp. Ik poets nog even snel mijn tanden, vaste prik voordat ik op de weegschaal ga staan. Heb ik het gevoel dat ik nog een beetje fris voor de dag kom.

De weging is het meest ranzige van het judo. We worden vaak samengebracht in een ruimte waar het vreselijk stinkt. Veel van mijn concurrenten hebben de laatste dagen nog flink moeten afvallen om net onder de 70 kilo te komen. Sommigen hebben zich uitgedroogd of hebben net nog in zweetpakken rondgerend om de laatste grammen eraf te krijgen. De meesten komen rechtstreeks hun bed uit, hebben niet gedoucht en hun tanden gepoetst.

Voor de weegschaal heeft zich een rij gevormd van meiden die hooguit een onderbroekje aanhebben. Degenen die het hardst hebben moeten afvallen staan vooraan te dringen, na de weging mogen ze namelijk meteen eten en drinken tot zich nemen. Ze duwen hun borsten tegen de judoka die voor hen staat. Smachtend kijken ze naar de flessen water of drankjes met suiker erin die klaarstaan.

Ik sta niet in de rij, neem plaats op gepaste afstand om het tafereel gade te slaan. Ik ben op een goede manier afgevallen en heb geen extreme dorst of honger. Het beste is om in de voorbereiding op een wedstrijd zo lang mogelijk rond je wedstrijdgewicht te trainen. Dat voorkomt dat je jezelf in de laatste weken moet uithongeren en uitdrogen.

Door de stress in de laatste dagen val ik vanzelf nog een kilo af, waardoor ik de avond voor de weging nog gewoon kan eten en drinken. Ik ben heel gedisciplineerd met het lijnen, heb genoeg voorbeelden gezien van judoka's die aan het jojoën lichamelijke klachten hebben overgehouden.

In de weegruimte kijk ik goed om mij heen. Wie grijpen er meteen naar de fles als ze de weegschaal af komen? Als ik op de weegschaal stap geeft hij aan: 69,3 kilo. Daarna kijk ik nog even goed naar Masae Ueno, de wereldkampioen uit Japan en mijn grote concurrent. Wij hebben in de aanloop naar deze Spelen de grote prijzen verdeeld. Zij weegt 69,1 kilogram.

Na de weging zeg ik niet veel en er wordt ook weinig tegen mij gezegd. Chris weet dat ik helemaal strak sta, het is beter mij met rust te laten. We lopen naar de immens grote eetzaal. Het is al vrij druk. Ik probeer wat te eten. Veel gaat er door de spanning niet in. Na het ontbijt loop ik terug naar mijn slaapkamer. Mijn tas staat ingepakt klaar. We gaan naar de judohal in Athene, een stadion waar tienduizend mensen in kunnen.

Na aankomst ga ik op de opwarmmat zitten. Op de mat zitten veel mensen met allemaal verschillende olympische trainingspakken. Judoka's worden behandeld of getapet. Ik neem plaats op de fysiotafel om mijn vingers te tapen. Chris komt bij me staan en samen nemen we het strijdplan voor de wedstrijd tegen Blanco nog een keer door. Kort maar krachtig: dit wel, dat niet. 'Ga uit van je eigen kracht. Vertrouw daarop,' zegt Chris.

Ik voel mij ellendig, de spanning zit zo hoog dat ik op de wc over mijn nek moet. Ook dat is niet voor het eerst. Op momenten als deze vind ik judo vreselijk. Waarom wil ik dit, vraag ik mezelf af. Of: Was deze dag maar voorbij. Tegelijkertijd kan ik niet zonder dit gevoel, het zorgt ervoor dat ik scherp ben, dat al mijn zintuigen openstaan.

Het moment dat ik de mat op zal moeten, nadert als een van de officials mijn naam roept. Mijn hart gaat als een razende tekeer. Over een kwartier tot twintig minuten begint mijn olympisch toernooi; de precieze tijd hangt af van hoe snel de wedstrijden voor die van mij zijn afgelopen. Al die tijd sta ik pal naast mijn tegenstander en haar coach.

Eerst wordt alles gecontroleerd: mijn pak, zwarte band en of mijn haarclip niet voor verwondingen kan zorgen. Met uiterste zorgvuldigheid gaan de officials te werk; ook mijn olympische accreditatie wordt gecheckt. Aan alles merk je dat dit de Olympische Spelen zijn. Na de controle moet ik wachten, wachten en nog eens wachten. Mijn blik is strak vooruit gericht, ik zweet van spanning, angst en stress. Chris staat achter me. Ik zie hem niet, maar voel dat hij er is.

De wedstrijd op onze mat is klaar, wij zijn aan de beurt. Chris geeft mij een klap tussen mijn schouderbladen. We lopen de wedstrijdzaal in. De spanning is bijna niet meer te houden. Ik pep mezelf nog één keer op door mezelf hard in mijn gezicht te slaan. 'Kom op E, *game on*! Slopen, je kunt het,' roep ik hard tegen mezelf. Als een briesende stier loop ik richting de tatami. Ik ga Blanco kapotmaken, en wel nú.

Ik groet aan de rand van de mat, loop de mat op en boor mijn blik door die van Blanco heen. Ik groet nog een keer. '*Hajime*,' zegt de scheidsrechter. Mijn olympisch toernooi is begonnen.

Na vijftien seconden zet Blanco haar eerste worp in. Ik schrik, want ik voel dat ik val. Op een haast knullige manier rol ik via mijn zij op mijn rug. Fuck! Nee! De scheidsrechter geeft een waza-ari, een half punt. Hij had er ook zomaar een ippon voor kunnen geven, dan was ik nu al klaar, realiseer ik me.

Maar ik sta wel al op een bijna onmogelijke achterstand. Ik adem diep in en laat het heel even op mij inwerken. Hoe ga ik dit goedmaken? Geen idee. Maar ik kan en ga niet op deze manier naar huis. Met grote ogen van ongeloof en angst kijk ik naar de kant, naar Chris, hij zit als altijd als een standbeeld naast de mat, geen spoortje emotie te bekennen. Het eerste wat hij gebaart, is: rustig blijven. 'Opnieuw beginnen en druk zetten,' roept hij me met twee handen aan zijn mond toe. Er gaat een knop om. Ik moet nu gaan aanvallen. In de minuut die volgt, lukt het mij om Blanco zo onder druk te zetten dat ik haar kan verrassen. Ik scoor ook een waza-ari. Het staat gelijk.

'En nu doorbijten,' zeg ik tegen mezelf. Een halve minuut later scoor ik een yuko. Ik sta voor! De laatste minuut is de langste en meest uitputtende minuut in mijn judocarrière. Ik verzuur tot op het bot, heb zoveel pijn, maar toch ga ik door. Op het moment dat het eindsignaal klinkt, zak ik door mijn benen.

Ik groet af, loop van de mat en val neer als ik bij Chris aankom. Hij zegt niets na de wedstrijd. We houden ons aan de afspraak: nooit terugkijken op een wedstrijd, meteen door. Focus bewaren.

Ondersteund door de fysiotherapeut kom ik terug in de opwarmruimte. Ik ben gesloopt, maar gek genoeg valt de meeste druk weg nu de kop eraf is. Van Elizabeth Copes uit Argentinië win ik daarna met gemak; ik bereik de halve finale.

In het judo heb je dan nog niets. Als ik nu verlies, kan ik ook nog vijfde worden. Na de pauze zal ik sowieso nog twee wedstrijden moeten vechten. Het gaat goed, de ergste zenuwen zijn weg en ik kan mijn focus vasthouden. Maar in een flow ben ik niet, dat is nog nooit gelukt tijdens een belangrijk toernooi. Er zit toch altijd een soort verkramping in mij doordat ik absoluut niet wil verliezen. Ook vandaag in Athene heb ik al meteen over moeten schakelen op de zwoegmodus.

In de pauze trek ik een dik trainingspak aan, ga op de trainingsmat liggen. Een van mijn vier judopakken – twee witte en twee blauwe heb ik standaard bij mij – fungeert als kussen. Mijn tas staat naast me. Mark is er ook, hij heeft zijn tweede partij verloren en kan zijn olympische titel dus niet prolongeren, maar via de herkansingen maakt hij nog kans op brons. We kletsen kort. Mark en ik zijn geen geliefden meer, maar onze band is goed.

Er liggen her en der een paar judoka's op de mat te slapen. Anderen lopen stilletjes wat rondjes door de zaal en proberen hun armen en nek los te maken. In de twee uur durende pauze probeer ik tot rust te komen – nogal een uitdaging want de adrenaline giert door mijn lichaam en, net als vannacht, speel ik mijn volgende wedstrijd keer op keer in mijn hoofd af. Rustige muziek en ontspanningsoefeningen helpen niet veel; minuten lijken uren te duren. Ik ben blij als ik eindelijk weer in beweging kan komen om warm te draaien voor mijn volgende wedstrijd.

In de halve finale tref ik de Duitse Annett Böhm, en zij heeft helemaal niets tegen mij in te brengen. Ik kijk haar aan, zie angst in haar ogen. Als ik haar vastpak, weet ik: jij bent van mij. Haar wangen zijn al snel net zo rood als haar haar. De vlecht in haar nek vliegt alle kanten op als ik haar over de mat sleur. Al snel werp ik haar voor een half punt. De hele wedstrijd ben ik geen moment in gevaar. Ik slaak een oerkreet na het eindsignaal, bal mijn vuisten. Vier jaar nadat ik Mark olympisch kampioen heb zien worden, sta ik zelf in de finale.

De zaal zit helemaal vol, zie ik als ik terugloop naar de opwarmruimte. Straks kom ik hier terug voor de belangrijkste wedstrijd van mijn leven. Miljoenen mensen over heel de wereld zullen meekijken. Ik ben één stap verwijderd van eeuwige roem.

In de finale moet ik het opnemen tegen Masae Ueno uit Japan, en dat is geen verrassing. Vooraf zijn zij en ik getipt als de twee favorieten voor goud. We zijn allebei na de Spelen in Sydney boven komen drijven en de aanvoerders van de nieuwe lichting in onze gewichtsklasse.

Ueno, die een jaar ouder is, en ik zijn aan elkaar gewaagd. Twee jaar geleden won ik onze eerste wedstrijd in Fukuoka en ook de tweede onderlinge partij, een paar maanden later, won ik. Maar bij het WK in Osaka, vorig jaar, versloeg ze mij in de halve finale en pakte daarna de wereldtitel.

Eigenlijk zou ze mijn aartsrivaal moeten zijn, maar zo zie ik haar helemaal niet. Met andere judoka's heb ik vaak moeite, door hun houding en maniertjes. Voor Ueno heb ik juist veel respect.

Ik probeer met handen en voeten weleens contact met haar te maken, maar doordat ze amper Engels spreekt, geef ik dat altijd snel weer op. Ze lacht wel altijd vriendelijk naar me en geeft mij een knikje in het voorbijgaan. Ze is respectvol, zoals alle Japanners, maar bewaart ook afstand. Na toernooien zie ik haar niet, terwijl de andere judoka's vaak nog gaan stappen. Ze is een beetje een mysterie voor me; ik kán simpelweg geen hekel aan haar hebben.

Ik heb een klein uur de tijd voor de finale begint. Eerst wissel ik van pak, van wit naar blauw. Een paar keer denk ik: holy shit, ik kan straks gewoon olympisch kampioen worden.

Chris komt al snel naar me toe met zijn instructies. 'Niet met je linkerhand in haar nek grijpen, dat gebruikt ze om onder je te komen,' zegt hij. Ik knik; ik ken donders goed het wapen van Ueno en weet dat ze net als ik haar tegenstander met links vastgrijpt.

De klok lijkt niet vooruit te branden, zo lang duurt in mijn beleving dat ene uur. De stress is weer in alle hevigheid teruggekeerd, ik ben kotsmisselijk. Stil blijven zitten is bijna onmogelijk. Ik ben warm en gaap achter elkaar door om de zenuwen te onderdrukken. In mijn hoofd blijf ik het tactisch plan dat ik met Chris heb uitgestippeld herhalen. 'Alles doen, behalve links in de nek pakken,' zeg ik tegen mezelf, 'slopen, ontregelen, alles doen, maar niet met links in de nek pakken.'

Eindelijk mogen we klaar gaan staan in de catacombe. Ik sta stil, mijn benen iets uit elkaar. Mijn armen hangen langs mijn lichaam en mijn handen heb ik gebald tot een vuist. Ueno staat naast me, maar ik kijk niet naar haar. De zaal zit helemaal vol, ik zie hoofden, maar registreer geen gezichten. 'Slopen, ontregelen, het hoeft niet mooi,' zeg ik tegen mezelf. Chris staat zwijgend achter me.

We lopen de zaal in. De meer dan tienduizend toeschouwers op de tribune zijn luidruchtig nu de finale op het punt van beginnen staat, maar ik registreer het niet. Ik zie de blauwe mat, ons strijdtoneel, daaromheen liggen gele matten. De scheidsrechter staat al klaar, net als zijn twee assistenten. In twee hoeken van de mat staan stoeltjes, waar de assistenten straks op plaats zullen nemen. De wandeling lijkt een kilometer lang. Ik loop met grote passen, mijn schouders naar voren, m'n nek iets uitgestoken. '*Let's go*,' murmel ik. Ik blaas nog eens hard uit. 'Kom op, je kunt het. Niets kan je nog stoppen,' zeg ik tegen mezelf.

Chris zit al op zijn stoel. 'Dit is waar je je hele leven op hebt gewacht. Dit is je kans, ga 'm pakken,' zeg ik. Ik maak een sprong, ga diep door m'n knieën en geef mezelf een harde klap in m'n gezicht, zoals ik altijd doe om mezelf op scherp te zetten, ik voel m'n wang gloeien. Ik sla mezelf hard op mijn benen om m'n spieren op spanning te brengen.

Ik loop naar de rand van de mat en kijk Ueno aan. Mijn tegenstander is een kop kleiner dan ik, zwart haar, een met een roze elastiekje gemaakt staartje midden op haar hoofd. Met haar donkere ogen kijkt ze mij streng aan.

We blijven naar elkaar staren tot het moment dat de scheidsrechter '*hajime*' roept. Ueno schreeuwt en komt op mij afgestormd met haar handen al in de grijpstand. Ze steekt haar linkerhand uit, probeert de rand van mijn pak te pakken. Ik sla haar hand hard weg en grijp haar op mijn beurt met mijn linkerhand vast.

Het gevecht om de pakking is keihard, we meppen op elkaars handen. De eerste indruk die je maakt is psychologisch erg belangrijk; wie de ander als eerste stevig beetpakt heeft de regie. Die slag win ik. Ik vecht, ontregel en sloop volgens plan. Na vijfenveertig seconden geeft de scheidsrechter Ueno een straf voor passiviteit. Ik sta voor. We gaan weer tegenover elkaar staan, doen onze pakken goed en ik kijk naar de kant. De afspraak is dat ik tijdens wedstrijden alleen naar Chris kijk. Ik heb daar echt op getraind, snel afgeleid als ik van nature ben. Als ik me laat overrompelen door de entourage, komen aanwijzingen van mijn coach niet meer binnen. Chris geeft nu alleen een goedkeurend knikje.

De scheidsrechter geeft het gevecht weer vrij, ik storm op Ueno af. Slopen, ontregelen, alles doen, niet links in haar nek pakken, repeteer ik m'n opdracht in gedachte. Ik ben onvermoeibaar, schop haar hard tegen de schenen. Ze kreunt. Mooi, die komt aan. Ik blijf de regie houden, mijn tegenstander komt geen moment in haar spel.

'*Mate*,' roep de scheidsrechter; de wedstrijd wordt weer even onderbroken. Ik storm naar m'n plek en ga alweer ongeduldig klaarstaan. Ik kijk even naar Chris, voor zijn doen schreeuwt hij heel hard dat ik door moet gaan op deze weg. 'Blijf aanvallen,' roept mijn anders zo stoïcijnse coach. Ik zie de grote klok naast de mat, die aftelt naar nul. Drie minuten geeft die aan, twee minuten achter de rug. Ueno kijkt ondertussen naar haar coach, die een heel verhaal naar haar roept in het Japans. 'Yes! Ze weet het niet meer!' spreek ik mezelf moed in.

We knokken verder. Het is vooral een gevecht om de pakking, veel worpen worden er niet ingezet. Ik ben geen moment in gevaar. Opnieuw een onderbreking. Op de grote klok staat 1:58; mijn borst gaat als een razende op en neer, ik hijg en zet mijn handen in mijn zij. Ik zie op het scorebord ook dat ik nog steeds voorsta. Ik kijk naar rechts, het tweede scorebord geeft hetzelfde weer. In een split second begin ik na te denken. 'Yes, ik sta nog steeds voor,' zeg ik tegen mezelf, 'als ik dit volhoud, dan ga ik geschiedenis schrijven. Ik, Edith Bosch, word olympisch kampioen!'

Even ben ik geestelijk niet meer op de mat. Ik sta te dromen en kan gewoonweg niet geloven dat ik zo goed bezig ben. Mijn gedachten worden abrupt onderbroken door de scheidsrechter, die het teken geeft dat we doorgaan. Ik ben er een beetje beduusd van. Zonder na te denken, pak ik Ueno links in de nek. Eén moment voel en denk ik helemaal niets. Ineens ben ik weer helemaal bij de les en dringt de realiteit tot mij door. Ueno heeft mijn linkerarm vast, springt in een flits onder mij en probeert mij met alles wat ze in zich heeft over zich heen te trekken. Mijn hele lichaam verzet zich, maar er is geen houden aan; mijn voeten komen los van de mat en ik word gelanceerd. Ik vlieg door de lucht. In een fractie van een seconde probeer ik te draaien, maar ik realiseer me tegelijkertijd dat mijn lichaam in volle gang maar één kant op gaat.

Bam! Ik lig plat met mijn rug op de mat en Ueno ligt met haar achterhoofd op me. 'Nee!' roep ik keihard. Ineens hoor ik het kabaal van de tribune wél, de zaal explodeert. Ik kijk niet naar de scheidsrechter, maar sla meteen mijn handen voor de ogen. Ik blijf liggen, met mijn knieën opgetrokken. Dit kan niet waar zijn. O, wat ben ik stom geweest. Ik begin te huilen. Weg goud, weg olympische titel.

Ik krabbel overeind, kijk naar de grond. Zilver, dit wil ik niet. En opnieuw schiet door mijn hoofd: 'Godver, ik mocht alles doen behalve links in de nek pakken, waarom heb ik dat dan toch gedaan?' Ueno juicht, ze heeft me verslagen.

We groeten elkaar. Ik pak haar even vast. Het moet voor een knuffel doorgaan, maar Ueno is zo klein dat ik haar bij haar hoofd pak en naar mij toe trek. Daarna loop ik hoofdschuddend de mat af. Chris vangt mij op en slaat zijn arm om mij heen. 'Hoe kon ik zo stom zijn,' snik ik, terwijl de tranen opnieuw komen. Chris zegt niet veel. Wat valt er ook te zeggen? Ik heb gewoon gefaald.

In de opwarmruimte wacht Marjolein op me, ze geeft me

Moeder Bosch (links op de foto, met kinderwagen) met Karen, Edith en Suzan; vader zit op zee

De zusjes Bosch, 1986

H.A.B.C. Dun
Hong met zus
Karen (links), 1988

Edith met Mark Huizinga, 2000. © Vincent Basler/Sport International/Hollandse
Hoogte

WK 2003, Osaka, Japan. Op de achtergrond staan Chris de Korte en Marjolein van Unen, haar coaches

Finale tegen Cecilia Blanco (Spanje), EK 2004. Foto Mark Huizinga

Met Marjolein van Unen (rechts), Olympische Spelen 2004, Athene

Finale Olympische Spelen 2004, Athene, tegen Masae Ueno. © ANP Foto

Medailleceremonie
Olympische Spelen
2004, Athene

Verlies halve finale Olympische Spelen 2008, Beijing, met Chris. © Leo Vogelzang

Koningin Beatrix ontvangt op Paleis Noordeinde alle medaillewinnaars van Beijing, onder wie Edith, 2008. © Leo Vogelzang

Huldiging Olympisch Stadion, Amsterdam, met boxer Mila, 2008

Edith met Peter Schep, 2006

Verjaardagsfeest met familie en vrienden, 2010

Trouwdag Suzan Bosch, 2014. Van links naar rechts: vader, moeder, Suzan, Edith, Karen

Finale Expeditie Robinson, 2013

een knuffel en een zoen. 'Niet in haar nek pakken! En wat doe ik? Hoe dom kun je zijn!' roep ik. Ik smijt mijn spullen in m'n tas, trek mijn olympische trainingspak aan en blijf huilen en mezelf vragen stellen die allemaal beginnen met 'waarom'. In mijn hoofd draai ik steeds weer de laatste paar seconden van de partij af.

Echt tijd om te rouwen is er nu niet bij. Ik word verwacht voor de medailleceremonie. Ik stap het podium op, zwaai nog even naar het publiek en krijg een lauwerkrans op mijn hoofd. De zilveren medaille heb ik om mijn nek, hij bungelt er zonder dat ik hem heb bekeken. Dat ding heeft voor mij geen waarde. Ik klap voor Ueno als zij het podium betreedt.

Mark komt op mij af, hij heeft de bronzen medaille om. We omarmen elkaar. 'Ik was er zo dichtbij,' treur ik. Mark probeert mij te troosten en is heel lief.

Hij heeft zijn hele familie bij zich, die van mij zit thuis. Ik vind het zo jammer dat ze er nu niet zijn. Zo snel mogelijk heb ik na de finale huilend mijn vader en moeder gebeld. Ze probeerden me op te beuren. Ik ben in mijn eentje het podium af gekomen, er staat niemand te wachten op me. Ik voel me erg alleen, kan wel wat steun gebruiken nu voor mijn gevoel de wereld is vergaan.

Daarna ga ik naar de pers. Iedereen zegt dat het goed is dat ik zilver heb gewonnen, maar ik vind het slecht. Ik heb het gevoel dat ik gefaald heb, zit vol zelfverwijt. Ik vertel hoe dom ik ben geweest, dat ik precies dat heb gedaan wat ik níét moest doen. En ik zeg, terwijl een dopingcontroleur niet van mijn zij-de wijkt: '*Silver is the first loser.*'

's Avonds word ik verwacht in het Holland Heineken House, samen met Mark. Het leek mij vier jaar geleden zo mooi om toegejuicht te worden, maar nu zie ik ertegen op. Vóór de hul-diging word ik al door iedereen gefeliciteerd. 'Over vier jaar pak je goud,' hoor ik. En: 'Goed gedaan!' Ik denk alleen maar aan de gouden medaille die ik niet gewonnen heb. Ik besef niet hoe speciaal het is om een olympische plak te winnen. Het zilver dat ik om mijn nek heb hangen is de ultieme bevestiging dat ik het niet gehaald heb. Op het podium word ik toegejuicht. De keiharde muziek, de dronken, blije mensen leiden mij heel even af van mijn rotgevoel.

In bed komen opnieuw de tranen. Ik ben zo moe, maar tegelijkertijd doe ik geen oog dicht. Als ik mijn ogen sluit, komt repeterend het desastreuze moment in mijn hoofd voorbij. Ik ben koortsig, heb een hoge hartslag. De zilveren medaille ga ik nooit mooi vinden, neem ik mezelf voor.

De dagen erna gaan alle remmen los, zodat ik niet hoef te voelen. Ik kijk veel sportwedstrijden, ga op stap, drink veel en slaap weinig. Ik heb bijna nog nooit een kater gehad, maar nu heb ik die dagen achtereen. Eten doe ik bij de McDonald's in het olympisch dorp; daar zit ik twee keer per dag. Ik leid het leven van een student. Iedereen wil met mij op de foto, zeker als ik mij in het Holland Heineken House begeef. Ik ben ineens interessant, en dat neemt het rottige gevoel een beetje weg. Maar telkens als ik word gefeliciteerd, voel ik mij ongemakkelijk.

In Nederland gaat het feest nog even door. Ik mag naar de koningin. Ook zijn we weer welkom in de Ridderzaal en we maken opnieuw een rondrit door Den Haag. De festiviteiten duren twee weken. Daarna gaat iedereen verder met zijn leven. Vluchten kan niet meer. De Spelen zijn voorbij, er zijn helden en verliezers. Pieter van den Hoogenband, Inge de Bruijn, Leontien van Moorsel en Anky van Grunsven hebben opnieuw goud gewonnen en zijn helden. Ik reken mijzelf tot de verliezers, ben het ultieme voorbeeld van iemand die het net niet heeft gered.

10

2004-2005

Eindelijk de beste van de wereld

Ineens is het stil. De huldigingen zitten erop. Ik zit op de bank in de kleine woonkamer van mijn huurwoning in Vlaardingen en staar voor me uit. Ik zet voor mezelf wat dingen op een rij, vind nog steeds dat ik heb gefaald. Pieter van den Hoogenband zei tegen me: 'Je moet niet zo hard zijn voor jezelf. Het verschil tussen goud en zilver is zo klein. Je bent bevoorrecht.' Waarschijnlijk had ik ook zo gedacht als ik net als Pieter zojuist mijn derde gouden olympische medaille had gewonnen.

Ik wil de olympische finale niet evalueren. De vraag waarom de focus ineens weg was, is te confronterend. Er zit maar één ding op, besluit ik op de bank: ik kan niet rusten voordat ik de beste van de wereld ben. Ik mag de teugels niet laten vieren. Er is maar één oplossing: niet nadenken, niet voelen, maar nog harder vechten.

Ik ga niet op vakantie, maar meld me de volgende dag alweer bij Chris. Mijn trainingsregime voor Athene was al bizar, maar ik wil nog harder trainen. Een sessie is pas geslaagd als ik helemaal kapot naast de mat lig, onder de blauwe plekken zit en kromloop van de spierpijn. Ik straf mezelf dagelijks voor het missen van goud door mijn lichaam te pijnigen.

Het maakt me beter en sterker. Mijn kracht is dat ik mentaal heel goed ben, dat ik harder kan knokken dan mijn concurrenten. Als ik nog meer pijn kan verdragen, word ik de beste van de wereld, houd ik mezelf voor.

Trainen begint voor mij pas al ik denk echt niet meer te kunnen. Bij mij is dat altijd tijdens het touwklimmen dat ik nog doe na de judotraining. Zonder mijn benen te gebruiken klim ik omhoog. En daarna nog een keer. En nog eens. Het lijkt of ik honderd kilo weeg, mijn armen en vingers branden van de pijn. Het ziet zwart voor mijn ogen. Elke keer als ik mijn hand verplaats roep ik in gedachte de naam van mijn concurrenten. 'Ueno! Mészáros!' Als ik mijn tegenstanders voor me zie, kan ik nog wat meer verdragen. Op de grond schreeuwen Chris, Marjolein en de meiden naar me: 'Kom op Edith, nog een klein stukje!'

Het is niet voor het eerst in mijn leven dat ik me verstop in het judo. Het regime is mijn afleiding. Eten, trainen en slapen. Ik doe mijn bijnaam Bitch Bosch eer aan, gooi er zelfs nog een schepje bovenop. Ik ga nog meer tekeer als iets me niet zint. Chris en Marjolein moeten het steeds vaker ontgelden. Mensen leggen het uit als arrogantie, een gevolg van mijn olympische medaille. Juist niet. Alles doe ik om mijn gevoel en emoties te blokken en mijn onzekerheid te maskeren.

Maar er is nog een reden dat ik meteen na Athene mijn zinnen kan verzetten: Peter Schep. Ik zag hem tijdens de Spelen geregeld voorbijkomen op de fiets in het olympisch dorp en had hem opgezocht in het smoelenboek van de Nederlandse equipe dat we voor vertrek hadden gekregen.

Tijdens de sluitingsceremonie knoopte ik met iedereen een praatje aan en zo kwam ik ook bij de baanwielrenners uit, die allemaal bij elkaar liepen. Ik keek Peter voor het eerst echt aan en dacht meteen: wat een leuke jongen. We liepen even met elkaar op, spraken kort met elkaar en raakten elkaar daarna weer kwijt in de drukte.

Terug in Nederland stuurde hij me al snel een sms'je. Ik vond hem mysterieus. We maakten een afspraak om een bakkie te doen.

Op een nazomeravond, drie weken na de Spelen, ga ik vanuit Vlaardingen, waar ik een huurhuisje heb, naar Lopik. Ik rijd langs weilanden met grazende koeien, verbaas me over de rust: ik ben de stad gewend. Vlak bij de rivier de Lek kom ik aan bij zijn huis. Nou ja, zijn huis... Peter woont op zijn zevenentwintigste nog bij zijn ouders, en dat vind ik best gek. Hij heeft me uitgelegd dat hij door het fietsen zoveel van huis is dat het amper zin heeft om een eigen woning te hebben. Dit bezoek hebben we expres 'samen koffiedrinken' genoemd. Als we er het etiket 'date' op geplakt hadden, zou ik me meteen opgelaten voelen en was ik snel afgehaakt.

Als ik aanbel, blijk ik niet de enige gast te zijn. Een vriend van Peter onthaalt me enthousiast. Hij is heel druk en blijft maar aan het woord. Na drie koppen thee gaat hij eindelijk weg. 'Ik dacht dat ik met jou had afgesproken,' zeg ik als hij eindelijk is vertrokken.

'Het is heel normaal dat iedereen hier in Lopik bij elkaar binnenloopt, de achterdeur staat altijd open,' antwoordt Peter.

Ik ben meteen ondersteboven van hem. Peter is 1,89 meter, heeft een afgetraind lichaam en ziet er goed uit. Hij draagt ook nog eens heel hippe kleding. Peter is het voorbeeld van de hippe metroseksueel.

Na een leuk gesprek rijd ik 's avonds laat met een grote glimlach op m'n gezicht langs de hoge, beroemde antenne van Lopik, die in december altijd wordt omgetoverd in een reuzenkerstboom, terug richting Vlaardingen. Ik vind Peter echt heel leuk.

In de weken die volgen spreken we vaak af. Het duurt niet lang voordat we verliefd zijn. We willen zo veel mogelijk tijd samen doorbrengen.

Peter is rustig, introvert, solide, rationeel en nuchter. Na Mark val ik opnieuw op een tegenpool. Toch klikt het heel goed tussen ons; doordat ik juist zo druk en emotioneel ben, is het voor mij fijn om iemand te hebben bij wie ik tot rust kom. Het is ook lekker om een relatie te hebben met een topsporter. We hebben niet veel woorden nodig om elkaar te begrijpen als het gaat om leven voor topsport.

Begin 2005, een halfjaar na onze eerste ontmoeting, besluiten we samen een huis te kopen. We denken klaar te zijn voor de volgende stap. Voor Peter verhuis ik naar het dorp Lopik.

Het is leuk om samen te wonen. Door onze drukke sportschema's hebben we niet veel tijd om samen door te brengen. Peter is voor het baanwielrennen van oktober tot april veel weg van huis, mijn belangrijke toernooien vallen juist tussen april en oktober. Soms zijn we maar een paar dagen per maand samen.

Voor Peter is het in het begin wennen om samen te wonen. Thuis was er zijn moeder die alles voor hem verzorgde. Soms gaat hij zo op in zijn sport dat hij vergeet dat het eten thuis klaarstaat. 'Stuur dan ten minste even een berichtje,' zeg ik dan geïrriteerd tegen hem. Nu woont hij samen met een andere topsporter en dat betekent dat de taken verdeeld zullen worden.

Het contrast tussen wielrennen en judo is groot. Peter maakt veel meer trainingsuren per week dan ik. Daarnaast fietst hij veel wedstrijden, doordeweeks en in het weekeind, zowel op de weg als op de baan. Op een dag komt hij thuis na een koers. Als ik vraag hoe het is gegaan, zegt hij: 'Ik ben na 180 kilometer afgestapt.'

Ik vraag hem: 'Hoezo? Wat is er aan de hand? Ben je geblesseerd?'

Peter antwoordt: 'Nee, het was genoeg.'

Mijn mond valt open. 'Hoe kun je nou afstappen!'

Peter legt uit dat hij de wedstrijden gebruikt als training. Daarnaast is hij afhankelijk van wat er in het peloton gebeurt. Valpartijen, ploegen die samen tegen hem gaan rijden... Lijkt mij heel lastig.

In het judo gaat het er totaal anders aan toe. Ik heb maximaal zes toernooien per jaar. Het is altijd één tegen één en ik geef altijd alles. Peter gaat op een rustdag nog gewoon honderd kilometer fietsen, een rustdag in het leven van een judoka betekent ook echt helemaal niets doen. Er is nog een verschil: ik kan naast de trainingen nog studeren. Bij Peter slokt het wielrennen al zijn tijd op.

Ook wat betreft eten is het een wereld van verschil. Peter kan eten voor drie, wat gezien de arbeid die hij levert nog weinig is om alles wat hij heeft verbrand aan te vullen. Ik ben voortdurend bezig met afvallen.

In de eerste paar maanden maakt Peter kennis met mijn stemmingswisselingen. En die zijn sinds de Spelen in aantal toegenomen doordat ik mezelf nog meer onder druk zet om de beste van de wereld te worden. De eerste keer dat hij me huilend aantreft op de bank vraagt hij bezorgd: 'Wat is er?' Ik snik: 'De training ging totaal niet. Ik maak me zorgen dat het niet goed genoeg is.'

Peter is lief en verzorgend. Af en toe lacht hij mij uit en zegt hij dat ik mij niet zo druk moet maken. Hij heeft geen idee hoe erg ik mezelf onder hoogspanning zet in de aanloop naar een toernooi. Dan erger ik mij ook aan alles en iedereen. Peter moet het vaak ontgelden, hij is dan mijn uitlaatklep.

Vaak laat Peter me uitrazen en haalt hij zijn schouders op. Als het hem te gek wordt, zegt hij: 'Doe even normaal, Bosch! Als je zo tegen me praat, kom je maar weer terug als je rustig kunt doen.'

Vaak ben ik om niets kwaad. Dan kom ik na een halfuur naar hem toe en zeg: 'Sorry, ik was onredelijk.' Daarna vertel ik dat ik slecht heb getraind en dat ik onzeker ben over mijn vorm.

Peter is altijd begripvol. Hij is niet een man van veel woorden, maar staat altijd voor me klaar. Nooit zeurt hij. Ik heb hem nodig, bij Peter vind ik rust.

Een halfjaar na de Spelen heb ik in Parijs mijn eerste grote toernooi, na het WK het belangrijkste evenement in het judo. De hele wereldtop is van de partij in het met vijftienduizend toeschouwers volgepakte Palais Omnisports in Parijs-Bercy.

Ik ben harder dan ooit, beter getraind en gefocust. Tegenstanders met wie ik vorig jaar de grootste moeite had, blaas ik omver. Ik stoom door naar de finale. Dat doet Ueno ook. Chris hoeft niets tegen me te zeggen. 'Niet met links in haar nek pakken', die zin komt nog elke dag voorbij.

We staan opnieuw tegenover elkaar, dit is mijn ultieme test. Ik ga opnieuw als een bezetene tekeer, geef haar geen seconde rust en druk haar in de verdediging. Het is een potje lelijk judo, maar het is effectief en het werkt. Ik kom opnieuw voor, maar dit keer laat ik me geen moment van de wijs brengen. Ik pak haar niet in de nek. Na vijf minuten sleep ik de winst binnen. Na het afgroeten is het eerste wat ik doe zwaaien naar mijn vader en Karen, die op de tribune zitten. Ik geef Chris een knuffel en een kus.

Toch ben ik totaal niet blij met mijn overwinning. 'Nu versla ik haar verdomme wél! Zo had ik het in Athene moeten doen!' zeg ik tegen mijn trainer. 'Wat maakt het Ueno uit dat ik nu win. Zij is olympisch kampioen, ik niet.'

Ik krijg van alle kanten complimenten na de finale. Ik glimlach af en toe, maar vanbinnen ga ik kapot en scheld ik op mezelf. Ik had gehoopt dat ik met het nemen van revanche op Ueno de verloren olympische finale beter een plek kon geven. Niets is minder waar: de pleister op de wond is er hard af getrokken en is in alle hevigheid gaan bloeden. Waarom deed ik toen niet wat ik nu heb gedaan? Ik had gewoon olympisch kampioen moeten worden, denk ik.

In mei heb ik mijn tweede toernooi: het EK in Rotterdam. In een volgepakt Ahoy prolongeer ik met heel veel moeite mijn Europese titel. Weer voelt het niet goed. Ik vind dat ik totaal niet heb kunnen laten zien aan Nederland hoe goed ik kan judoën. De felicitaties stromen binnen, maar stilstaan bij deze titel doe ik geen seconde. 'Leuk, maar de echte titel is later dit jaar te verdienen,' zeg ik strijdbaar tegen de journalisten. Voor mij draait alles om het WK in Cairo in september. Daar moet ik de wereldtitel grijpen. Meteen na het EK pak ik het regime van eten, trainen en slapen weer op.

De oogkleppen blijven op. Ik wil helemaal niets aan mijn hoofd hebben. Ik houd mij zo veel mogelijk afzijdig bij de koop van en het opknappen van ons nieuwe huis in Lopik. Peter werkt zich drie slagen in de rondte. Ik kom af en toe even langs om te kijken hoe het gaat. Alleen bij de gedachte dat ik zou moeten helpen word ik al moe. Ik wil totale focus en geen rompslomp. Het huis voelt meer als een last en een gevaar voor afleiding in de aanloop naar het WK. Peter staat er alleen voor.

Vlak voor het WK gaan we met de Nederlandse vrouwen op trainingskamp in Duitsland. Ik lig na een training bij te komen op bed en besluit mijn moeder te bellen. Ze is opgetogen, merk ik aan haar stem. Meteen begin ik honderduit te vertellen over alles wat ik meemaak. Ik moet even mijn verhaal kwijt. Tussen neus en lippen door vraag ik tegen het einde van het gesprek: 'Hoe gaat het met papa en jou?'

'Meen je dat nou, Edith,' vraagt mijn moeder verbaasd. Ik ben even stil en probeer te bedenken wat ze bedoelt.

'Ik ben jarig vandaag…' hoor ik aan de andere kant van de lijn.

Ik sla mijn hand voor mijn mond. Verrek, het is 15 augustus. Ik ben niet goed in het onthouden van verjaardagen, maar de verjaardag van mijn moeder vergeten... Hoe erg kun je in een cocon leven? Ik baal van mezelf, maar in excuses maken ben ik geen ster. Ik zeg 'sorry', maar stap meteen luchtig over mijn blunder heen en weet niet hoe snel ik op moet hangen.

'Bel ik mijn moeder, vergeet ik dat ze jarig is,' zeg ik grappend tegen de meiden met wie ik op trainingskamp ben. Ze kijken mij aan met ogen die groot zijn van ongeloof. Tegen mijn moeder rep ik met geen woord meer over deze blunder. Ze moet maar gewoon begrijpen dat ik helemaal opga in het judo. Zo erg is het toch niet? Waarom hechten mensen zoveel waarde aan zoiets stoms als een verjaardag?

Begin september komen we aan in Egypte voor het WK. Een van de eerste dingen die ik doe na aankomst is een kijkje nemen in de sporthal. Sfeer proeven en kijken hoe alles reilt en zeilt; het geeft mij rust.

Als ik het gebouw binnenloop, denk ik dat ik verkeerd ben. Kinderen, volwassenen en zelfs geiten lopen in de catacombe van het stadion; het is een drukte van jewelste. Het is er chaotisch, bloedheet en het ruikt er naar dieren en zweet. Ik heb het idee dat ik op een markt in Cairo ben beland.

Ik baan me een weg door de chaos en kom uiteindelijk uit in de arena waar het moet gaan gebeuren. Ik zie zes judomatten. Normaal liggen die op een rij, maar hier niet. De ene mat ligt hoger dan de andere. Dit heb ik nog nooit gezien. Het geheel oogt rommelig en verre van professioneel. Ik heb het gevoel bij de plaatselijke clubkampioenschappen van Cairo binnen te zijn gewandeld. Ik voel spanning, heb natte oksels als ik langs de matten wandel. Oké, het ziet er anders uit, maar hier moet het wél gaan gebeuren.

Met de Nederlandse ploeg hebben we onze toevlucht gezocht in een viersterrenresort. Toeristen liggen met een cocktail langs het zwembad terwijl gelijktijdig judoka's in zweetpakken voorbijrennen om het laatste beetje overgewicht kwijt te raken.

De dagen voor mijn wedstrijddag ben ik vooral op mijn hotelkamer; ik lig veel op bed, kijk films. Het is wachten, wachten en nog eens wachten, proberen de zenuwen te onderdrukken en mijn hoofd koel te houden. Af en toe ga ik naar de judohal om wat wedstrijden van mijn teamgenoten te kijken. Ik sta wel twintig keer op de weegschaal om mijn gewicht te checken.

Op 9 september ben ik aan de beurt. De zenuwen gieren door mijn lichaam. De verloren olympische finale is vannacht heel wat keren gepasseerd in mijn gedachten. Ik kom alleen van dat rotgevoel af als ik hier de titel pak. Ik ben in 2005 nog ongeslagen, nu moet het gebeuren.

Het is nog steeds een chaos in de toernooihal. De geiten hebben ze buitengelaten, maar er lopen heel veel mensen die niets te zoeken hebben in het gedeelte waar normaal alleen de judoka's en hun coaches mogen komen. Niet zo verwonderlijk dat van verscheidene judoka's al mobiele telefoons en portemonnees zijn gestolen. De temperatuur overstijgt de dertig graden. Van airco hebben ze hier nog nooit gehoord.

Veel sporters ergeren zich groen en geel aan de omstandigheden, maar ik vind de chaos juist lekker. Het zorgt voor afleiding.

De eerste wedstrijd gaat moeizaam. Ik heb geen lastige tegenstander, vecht meer tegen mezelf: ik moet nog in het toernooi komen. Ik ben bang om voor een worp te gaan. Stel je voor dat ik word overgenomen, dat ik ondanks al mijn zeges dit jaar al na de eerste ronde naar huis kan. Die gedachte blokkeert me, maar ik knok me naar de winst.

Ik voel dat ik rustiger word; mijn tweede wedstrijd win ik

veel gemakkelijker. Na mijn wedstrijd ga ik even liggen in de opwarmruimte om de focus te bewaren. Chris komt naar me toe. 'Ueno heeft verloren,' zegt hij. Ik kom meteen overeind. 'In de tweede ronde? Wat? Hoe kan dat?' vraag ik met grote ogen.

Chris weet het ook niet precies, maar zag het op de poulelijsten die in de opwarmruimte liggen. 'Ik móét nu wereldkampioen worden,' roep ik tegen Chris. Heel even vind ik het jammer dat Ueno heeft verloren. Ik had graag van haar gewonnen, nog een keer revanche voor mijn verloren olympische finale genomen.

Ik wil er niet te lang bij stilstaan. Ik heb een missie, en dat is de beste van de wereld worden. Niets of niemand gaat mij in de weg staan. Een uur later ga ik door naar de halve finale. Die win ik zonder een moment in gevaar te komen. Ik sta opnieuw in een grote finale, dit keer van het WK.

Mijn tegenstander in de finale is Gévrise Émane, een Française die net komt kijken. Ineens is de spanning in alle hevigheid terug. Sterker, het is veel erger dan voor de olympische finale. Met mijn staat van dienst ben ik de topfavoriet in de finale. Die gedachte grijpt me naar de keel, ik kan in de finale alleen maar verliezen, bedenk ik me. Van iemand die net komt kijken, móét ik winnen.

Ik ken haar niet, dat maakt me heel onrustig. Ze heeft het tot de WK-finale geschopt en kan mij dus ook zomaar verrassen. Ze is een halve kop kleiner dan Ueno. Op heel kleine judoka's heb ik het niet, als een van de langste judoka's in mijn gewichtsklasse. Want klein betekent wendbaar en snel. Ze duiken sneller onder mijn zwaartepunt en dat kan gevaarlijke situaties opleveren. Alle doemscenario's passeren de revue.

Ik begin te huilen van de stress. 'Ik wil zo graag winnen,' zeg ik tegen Chris. 'Doe dat dan gewoon,' antwoordt hij op een manier zoals alleen mijn trainer dat kan roepen. Geïrriteerd roep ik: 'Goh, wat zeg je dat weer makkelijk. Wat heb ik daar nou aan!'

Ik moet wereldkampioen worden, het mag niet misgaan. Dit is mijn tweede kans om te doen waar ik jaren van mijn leven voor heb gegeven. Die gedachten blijven maar door me heen gaan.

Nog tien minuten voor de finale begint, de spanning is niet langer te hanteren. Mijn emoties krijgen de overhand, ik kan ze niet meer onderdrukken. Wat ik ook probeer, het lukt niet. Ik word kotsmisselijk, ren de wc in en ga over mijn nek. De tranen rollen over mijn wangen. 'Ik moet wereldkampioen worden, het moet,' blijft dat stemmetje in mijn hoofd maar roepen. Tegelijkertijd zeg ik tegen mezelf: 'Rustig blijven, ik kan dit. Ik ga het doen. Kom op, niet meer zeuren.'

Ik ga als altijd klaarstaan zonder naar mijn tegenstander te kijken. 'Ik kan het,' blijf ik maar tegen mezelf zeggen. We lopen op, ik sla mezelf als altijd hard op m'n benen en in m'n gezicht en draai me richting Émane. Voor me staat een klein meisje met een donkere bos rastavlechtjes op haar hoofd.

Ik storm meteen op haar af, ben alleen maar bezig met haar ontregelen, wat ik in noodsituaties altijd doe: ik vecht door tot ik erbij neerval. Émane heeft op zoveel geweld geen antwoord. Ik kom zelf ook niet tot het echt inzetten van worpen, het zijn allemaal pogingen, maar ik heb niet de intentie om haar echt te werpen. Ik zit mezelf behoorlijk in de weg, omdat ik zo graag wil winnen.

Émane loopt tegen een strafje aan als ze weer eens op de vlucht voor me gaat. Net als in Athene sta ik voor in de finale. Afgeleid raak ik nu niet, ik blijf als een dolle aanvallen en ben constant beducht op haar snelheid.

De laatste seconden tikken weg. Met het lelijkste judo ter wereld word ik wereldkampioen, maar dat interesseert me helemaal niets. Ik val huilend met mijn rug op de mat, schreeuw en bal mijn vuisten. 'Eindelijk,' roep ik.

Ik val bij Chris in de armen, dit keer zijn er tranen van geluk. Of geluk... ik huil eerder van opluchting. Daarna omhels ik Marjolein. 'Ik ben het. Ik ben gewoon wereldkampioen,' snik ik in haar oor.

Ik bel mijn ouders. En Peter. Hij weet dat ik twee maanden geleden nog huilend in bed lag omdat ik het niet meer zag zitten.

Iedereen is blij en omhelst me. Huilend luister ik naar het Wilhelmus. Na al die jaren ben ik waar ik wil zijn. Ik ben de beste van de wereld, vanaf nu is mijn geluk compleet, denk ik. Het gevoel van ultiem geluk heb ik nog niet. Maar ach, dat komt vast als ik morgen wakker word.

Na het avondeten ben ik doodmoe van alle emoties. Ik ga naar mijn kamer, ga op bed liggen. Mijn ogen vallen steeds dicht. Ik kijk nog even goed naar mijn gouden medaille voordat ik hem op het nachtkastje leg en val in slaap met de gedachte dat vanaf nu alles gaat veranderen.

11

2005-2006

Geluk is niet heel gewoon

Er is iets mis, denk ik als ik wakker word. Ik ben de beste van de wereld, nu zou ik heel gelukkig moeten zijn. Maar ik voel het niet. Ik heb nu toch het ultieme gepresteerd? Ik had me dit moment zo anders voorgesteld.

Sinds mijn vijftiende heb ik mezelf wijsgemaakt dat zodra ik de beste van de wereld ben, mijn strijd voorbij is. Gisteren ben ik gaan slapen met het idee dat ik vanaf vandaag op een roze wolk zou zitten om daar voorlopig niet meer van af te komen.

Ik kijk naar mijn nachtkastje en zie de gouden medaille liggen. Ik voel meer opluchting dan blijdschap en geluk. Ik denk terug aan mijn wedstrijden. Ik ben wel wereldkampioen, maar heb niet alles met een vol punt gewonnen, zeg ik tegen mezelf, en ik ben ook nog geen olympisch kampioen.

Als ik op Schiphol aankom, staan familie en vrienden mij op te wachten. Ze hebben een spandoek gemaakt en vliegen mij om m'n nek als ik de aankomsthal binnen kom lopen. Geweldig! In Lopik komen veel mensen bij ons langs om me te feliciteren. Ik geniet van alle aandacht. Aan waardering geen gebrek. Ik krijg een koninklijke onderscheiding en de kans is groot dat ik in december genomineerd zal zijn bij het jaarlijkse sportgala in de categorie Sportvrouw van het Jaar.

Ik ben wereldkampioen, maar wat is er in vredesnaam zo bijzonder aan, vraag ik mezelf aldoor af. Ik schaam me voor die gedachte, durf die met niemand te delen, bang als ik ben dat iedereen me ondankbaar zal vinden. Ligt het aan mij?

Als de festiviteiten voorbij zijn, peins ik hoe het nu verder moet. Ik ben er snel uit: gewoon verdergaan op de ingeslagen weg. Dus keihard blijven trainen. Dat is mijn houvast, wat moet ik anders? Ik ben nu eindelijk de beste, dat wil ik blijven ook. Dat de verwachtingen die ik daarbij had hoger waren dan hoe ik me nu voel, moet ik vergeten. Als vrienden vragen hoe ik me voel nu ik mijn grote doel heb bereikt, zeg ik: 'Ik ben er nog steeds niet. Genieten is voor later. Er is nog veel meer te winnen.'

Mijn honger naar nog meer prestaties is niet te stillen en ik pak mijn trainingsregime weer op. Ik doe weer precies hetzelfde als in de voorbereiding op het wk, leef in mijn eigen wereld. De rest is van ondergeschikt belang.

Bij feestjes laat ik geregeld verstek gaan omdat het niet past in mijn planning. Als mijn opa en oma zestig jaar getrouwd zijn, ontbreek ik. Keuzes maken hoort erbij voor een topsporter, ik moet voor mijzelf kiezen. Hoe strenger ik de laatste tijd ben geweest, des te succesvoller was ik. Egoïsme? Het is eerder noodzaak.

Karen stemt haar huwelijksdatum af op mijn agenda. Best heftig, maar tegelijkertijd logisch dat ze haar zusje erbij wil hebben op de mooiste dag van haar leven. En concessies kan ik niet doen als het om mijn sport gaat; het heeft me zoveel bloed, zweet en tranen gekost om te komen waar ik nu ben.

Suzan belt om te vertellen over mijn pasgeboren nichtje en dat het af en toe best zwaar is, maar ontzettend leuk. Ik kan mij er niet veel bij voorstellen, maar zwaarder dan wat ik dagelijks meemaak als topsporter zal het toch niet zijn?

Ik heb een aanpak gevonden die voor mij werkt, het is gelukt de stap van groot talent naar nummer één van de wereld te maken. Peter is dat nog niet gelukt en hij is óók een groot talent. Hij wordt 'le pédaleur de charme' genoemd, omdat hij zo mooi op z'n fiets zit. Peter kan ongelooflijk afzien, zelfs met een hartslag van tweehonderd vertrekt hij geen spier. Dat begint geregeld tegen hem te werken; omdat mensen niet aan hem kunnen zien dat hij stukgaat tijdens een wedstrijd, denken ze dat hij niet alles geeft.

We praten vaak over zijn sportcarrière. Peter deed in 2004 al voor de derde keer mee aan de Olympische Spelen, maar zijn talent heeft hij nog niet kunnen verzilveren. Voor belangrijke wedstrijden vraag ik geregeld hoe hij zich voelt en hoe het gaat. Ik hoor Peter vaak zeggen: 'Mijn benen voelen niet goed. Ik heb er geen goed gevoel over.' Meestal weet ik dan wel hoe laat het is. Ik zie dat als 'de indekperiode': alvast voorbereiden op eventueel verlies. Ook Peter blijkt last te hebben van extreme wedstrijdspanning; hij blokkeert.

Ik begrijp aan de ene kant zo goed wat hij bedoelt, en toch ook weer niet. Ik heb ook extreem last van die spanning, maar mij blokkeert het niet. Ik sta er als het moet, heb nooit excuses. Hoe beroerd ik me ook voel, mijn prestaties op de judomat lijden er niet onder.

Begin april 2006, een week voor het wk baanwielrennen in Bordeaux, geeft Peter weer aan dat zijn benen niet goed voelen. Ik denk: op deze manier gaat er weer een kans op een wereldtitel voorbij. Ik vind het zo jammer, word boos. 'Jij bent bang? Waarom? Je moet af en toe een klootzak kunnen zijn! In de training en bij onbelangrijke wedstrijden rijd je iedereen naar huis, maar in de wedstrijden waar het er echt om gaat, kun je het niet.' Het is niet voor het eerst dat ik iets zeg over de manier waarop hij een wedstrijd in gaat. 'Ik ben niet zoals jij,' reageert Peter geïrriteerd. We krijgen knallende ruzie.

Ik begin als niet-fietser ook over zijn manier van koersen op de baan. Peter is bang voor valpartijen, die kunnen vrij heftig zijn. Als het dringen wordt, houdt Peter zich in, gaat hij achterin rijden. In mijn optiek is dat de keuze voor veiligheid en voor het níét winnen van een medaille.

Ik gooi alles voor zijn voeten, omdat ik zo graag wil dat hij ook titels gaat pakken, en zeg best lelijke en harde dingen. 'Je moet nu echt eens een keer ballen tonen op de fiets, als je wat wilt winnen. Schijt aan de wereld. Geef alles, begin vooraan en kijk wat er gebeurt,' zeg ik.

Ik heb geen vertrouwen in een goede afloop. Ook vraag ik mij af of het zin heeft dat ik zo lelijk heb gedaan. Was dit nu nodig? Gaat dit hem helpen?

Op 13 april ben ik in de Russische industriestad Podolsk, net onder Moskou, om mij voor te bereiden op het EK. Het is de dag waarop Peter uitkomt op de puntenkoers in Frankrijk. Ik heb Peter een lief, bemoedigend sms'je gestuurd. 's Ochtends zeg ik tegen de meiden uit mijn team dat ik weinig hoopvol ben: 'Ik gil alles bij elkaar als Peter wereldkampioen wordt.'

De wedstrijd van Peter kan ik niet zien. Er is geen televisie en geen internet. We zitten in het oude olympisch dorp van de Spelen in 1980. In die tijd was de Koude Oorlog nog in volle gang, en dat is aan het grauwe complex te zien. Het gebouw waarin we zitten is zes verdiepingen hoog, maar heeft geen lift. Sinds de Spelen hebben ze alles laten verpauperen. De vloerbedekking in ons appartement is voor mijn gevoel al vijfentwintig jaar niet gestofzuigd, het ruikt muf. De muren zijn afgekrabd en hebben schimmelvlekken. De bedden zijn een gruwel.

Het is wachten op een sms. De eerste van wie ik een bericht ontvang is baanwielrenner Theo Bos. 'Peter is lekker bezig.' Ik word gek. 'Hoezo lekker bezig? Wat bedoel je?' roep ik tegen m'n telefoon. De spanning loopt op, ik heb geen idee wat zich daar in Bordeaux afspeelt. Opnieuw een piepje; berichtje van mijn manager Patrick Wouters. 'Goed gedaan!' lees ik. Ik zeg tegen de meiden: 'Zou Peter een medaille hebben gewonnen?' Ik kan het niet geloven. De volgende sms laat niet lang op zich wachten. 'Wereldkampioen! Gefeliciteerd,' lees ik. 'Wat!' schreeuw ik. Ik begin te gillen.

Ik ren de gang op en schreeuw. Een Hongaarse judoka doet geschrokken de deur open. *My friend became champion of the world,* krijs ik. 'In welke gewichtsklasse?' vraagt de verbouwereerde judoka. Op de gang gaan meerdere deuren open. Ze denken waarschijnlijk dat ik gek ben geworden, maar dat kan me niets schelen.

Als ik Peter een halfuur later aan de lijn heb, ben ik zo blij. Hij vertelt dat hij het inderdaad anders aan heeft gepakt; hij is meteen in de aanval gegaan en heeft de hele wedstrijd voorin gereden. 'Ik heb de hele koers gedomineerd,' hoor ik door de telefoon. Ik kan mijn oren niet geloven, ben zó trots op hem. Wat gun ik hem deze titel.

Ik wil meteen naar Peter toe, bel me suf om een ticket vanuit Moskou naar Bordeaux te regelen. Ik heb contact met Jens Mouris, collega en trainingsmaat van Peter, om dingen voor elkaar te krijgen. Het lukt. Tijdens de vlucht bedenk ik hoe cool het is dat wij allebei wereldkampioen zijn.

De volgende dag meld ik me in het Vélodrome. Hyper kom ik het middenterrein op van het wielerstadion. In de verte zie ik Peter al, die van niets weet. 'Verrassing,' roep ik als ik hem om zijn nek vlieg. Peter kan alleen maar uitbrengen: 'Wat doe jij hier?' Hij weet zich geen houding te geven, weet niet beter dan dat ik in Podolsk ben. Ik baal van zijn lauwe reactie. 'Kun je niet wat enthousiaster reageren? Ik heb hemel en aarde bewogen om hier voor jou te kunnen zijn!'

Typisch Peter, denk ik daarna. Ik heb vaak een bepaalde verwachting van hoe ik hoop dat hij zal reageren. Als ik met nieuwe kleren thuiskom en vraag wat hij ervan vindt, zegt hij vaak alleen: 'Mooi.' Dan vraag ik ook of hij niet wat enthousiaster kan reageren. 'Wil je dat ik tegen het plafond spring of zo? Ik zeg toch dat ik het mooi vind,' zegt Peter dan.

'Twee wereldkampioenen onder één dak,' schrijven de kranten de dagen na de wereldtitel van Peter. Tv-ploegen willen bij ons langskomen in Lopik om ons 'geheim' te ontrafelen. Want dat we een goede invloed op elkaar hebben, staat voor de media vast. Met zijn nuchterheid zorgt Peter ervoor dat ik rustig word, terwijl ik met mijn temperament hem juist op scherp kan zetten. We zijn de ideale mix.

Van Peter hoeft al die publiciteit niet zo, hij wil meteen weer overgaan tot de orde van de dag. Voor mij staat er een EK voor de deur, dus ook ik kan niet lang stil blijven staan bij dit bijzondere feit. Al snel vinden we het normaal; echt gevierd hebben we niet dat we alle twee de beste van de wereld zijn.

Ik heb net zo hard getraind als de afgelopen jaren, maar toch lijkt de over-mijn-lijk-mentaliteit iets minder tijdens het EK in Tampere dan een jaar geleden in Cairo. In de aanloop naar het toernooi in Finland heb ik voor het eerst in anderhalf jaar tijd weer een keer verloren.

Ik heb jarenlang doorgeraasd en ik merk dat dit mij mentaal begint op te breken. Op 28 mei 2006 moet ik het in de tweede ronde opnemen tegen de Hongaarse Anett Mészáros. Ik sta voor, zet een worp in om de partij voortijdig te beëindigen. Ze weet mijn aanval te pareren en we vallen allebei. Ik heb mijn linkerarm gestrekt en mijn tegenstander valt er met haar knieën en haar hele gewicht op. 'Au!' roep ik heel hard. Ik grijp meteen naar mijn elleboog, voel een heel scherpe, brandende pijn. Ik blijf even op de mat zitten. De adrenaline werkt als pijnstiller en ik voel wel vaker wat. Ik judo de partij uit en win.

De problemen met de elleboog van mijn 'werkarm' hinderen me. In de halve finale raak ik mijn Europese titel kwijt, Émane wint met een strafje van mij in de verlenging van de wedstrijd. De rollen zijn omgedraaid vergeleken met de WK-finale.

In de strijd om brons laat ik me opnieuw verrassen door een judoka uit Oekraïne. Ik moet genoegen nemen met een vijfde plaats. Ik laat me huilend tegen een muur in de sporthal zakken. De absolute felheid ontbrak. Het lijkt wel alsof ik niet meer zo hard ben. Ik snap er niets van en baal vreselijk van mezelf.

Na terugkeer in Nederland neem ik vrij. Ik wil met Peter proberen de Alpe d'Huez op te fietsen, daar trainen we samen voor. Telkens als ik op de racefiets zit, krijg ik na vijf minuten een rare tinteling in mijn linkeronderarm. Elke beweging doet pijn. Ik heb het gevoel dat ik de hele tijd met een slapende en verzuurde onderarm aan het rondrijden ben.

Als de pijn niet minder wordt, besluit ik langs mijn sportarts Peter Vergouwen te gaan. Hij maakt een MRI-scan. 'Hoe heb jij dat EK nog uit kunnen judoën?' vraagt hij aan me. Voordat ik antwoord kan geven, komt Peter met de diagnose: de elleboogband is afgescheurd en er zit een scheur in mijn bot.

'Oké…' zeg ik, terwijl ik de woorden op me in laat werken, 'en nu?' Voor het eerst in mijn leven heb ik een serieuze blessure. Peter verwijst me door naar dokter Eijgendaal, die gespecialiseerd is op het gebied van ellebogen.

Er zijn twee opties, vertelt ze mij heel rustig: doorgaan en het risico op kraakbeenschade voor lief nemen of een operatie. Het is voor mij geen keuze: opereren. Bij de ingreep zal een pees uit mijn pols worden gehaald en in de elleboog worden gezet. Daarna zal ik zes maanden moeten revalideren.

Ik zie vreselijk op tegen de operatie, raak in paniek. Wat voor gevolgen gaat dit hebben voor mijn judocarrière? Hoe lang gaat het duren voordat ik weer terug ben op mijn oude niveau? Kóm ik ooit nog terug op mijn oude niveau?

12

2006

Revalideren

De operatie is veel zwaarder dan ik had gedacht. In mijn eentje in mijn ziekenhuisbed voel ik mij af en toe de zieligste persoon op aarde. Ik kan werkelijk helemaal niets na de reconstructie van de elleboogband.

Ik heb ingestemd met een experimentele aanpak: twee dagen na de operatie mag mijn arm alweer uit de spalk om hem te buigen. Normaal gesproken mag dat pas na zeven dagen. Volgens de dokter gaan we nu kijken of de resultaten beter zijn als je sneller gaat bewegen na de operatie, zodat de kans het grootst is dat ik na de revalidatie de elleboog weer volledig kan strekken en buigen. Mij is er alles aan gelegen om mijn werkarm weer zo snel mogelijk goed te kunnen gebruiken.

Mijn arm kan ik vlak na de ingreep maar een beetje buigen. Ik voel de wond trekken, vind het doodeng en het doet pijn. Maar de fysiotherapeut zegt dat het bij deze nieuwe aanpak toch echt de bedoeling is m'n arm nu al te gaan bewegen. 'Dat lukt me nooit,' zeg ik.

Maar hij pakt m'n arm en begint die voorzichtig te buigen. Ik word misselijk, het koude zweet breekt me uit. Steeds een beetje verder. Het voelt alsof dit nog helemaal niet kan. Ik spreek mezelf toe: Wil ik dat die arm weer helemaal goed wordt? Dan moet ik nu doorbijten. De tranen rollen over mijn wangen.

Als ik met mijn ingespalkte arm naar de wc loop, zie ik in de kamer naast me een man die tot aan zijn nek verlamd is en die ademhaalt via een tube die op zijn keel is geplaatst. Wat zit ik nou te janken en te klagen, denk ik bij mezelf.

Eenmaal thuis na de operatie word ik gek van het nietsdoen. Het leven zonder topsport vind ik saai, kleurloos en niet uitdagend. Ik kan mijn energie niet kwijt, doordat ik niet kan trainen. Ik vind overal wat van, maak me druk om dingen die spelen in het judo. Normaal bemoei ik me daar niet mee. En ook thuis kan ik me om onbelangrijke zaken nog drukker maken.

Voor Peter ben ik niet de gezelligste; hij heeft vaak veel te stellen met een nukkige, opstandige vriendin. Ik kan zeuren over een vaas die in mijn ogen op de verkeerde plek staat. Natuurlijk gaat het daar niet om, ik wil me gewoon afreageren. Peter heeft engelengeduld, laat me uitrazen als ik onredelijk ben. Ik ben zo blij dat hij ook topsporter is, dat hij weet wat het betekent om geblesseerd te zijn en dat hij zich dus kan verplaatsen in mijn situatie.

Bijna dagelijks sleep ik me naar de praktijk van de fysio, die weet wat het is om met geblesseerde topsporters om te gaan. Ik word erheen gebracht of ga met het openbaar vervoer, want autorijden kan ik niet met mijn arm in een spalk.

De meiden vragen geregeld of ik langskom op de club. Ik heb er geen zin in, vind het te confronterend om iedereen lekker te zien trainen. Ik bel wel vaak met hen, maar zit liever thuis. Binnen die vier muren maakt het ook niet uit hoe ik eruitzie. Aan mijn uiterlijk doe ik weinig, ik trek lekker mijn Flodder-pak aan. Ik sluit mezelf op, ga hooguit naar buiten om boodschappen te doen.

Als ik languit op onze rode bank lig, schiet heel soms de vraag door mijn hoofd of ik wel terug kan keren op mijn oude niveau. Maar die twijfels onderdruk ik zo snel mogelijk; aan een rampscenario wil ik niet denken.

Mijn redding in die periode heeft vier pootjes, is geel van kleur en onweerstaanbaar. Peter en ik zijn naar Maastricht gereden, waar iemand een nest heeft met tien boxerpuppy's. Er komt er een met de naam Mila op me af gehuppeld en ik ben meteen verkocht.

We hebben er al meer dan een jaar over nagedacht om een hond te nemen, zijn verliefd geworden op het boxerras. Onze buren in Lopik hebben Tyson, een goedzak van een boxer, en ook Karsten Kroon, wielrenner en een goede vriend van Peter, heeft er een. Door mijn blessure heb ik alle tijd om een pup op te voeden, en ik kan de afleiding heel goed gebruiken nu judoën er voor mij een paar maanden niet in zit.

Mila piept de eerste nacht alles bij elkaar in de bench in de kamer. Als ik er een trui van mij in leg, gaat het beter; daar nestelt ze zich in. Als ze moet plassen is dat geen feest, aangezien mijn linkerarm in de spalk zit. Tegen de tijd dat ik Mila in mijn rechterarm heb en meeneem naar buiten heeft ze alles al laten lopen.

Ik neem de opvoeding van Mila meteen heel serieus, schrijf me in bij de boxerclub, ga op puppycursus, train met haar en probeer haar zo snel mogelijk zindelijk te maken. Ze is mijn grote vriendin, we liggen vaak samen op de bank te slapen en ik speel met haar. 'Prinses' Mila vindt het in elk geval helemaal niet erg dat ik geblesseerd thuiszit.

In die periode krijg ik een Facebookbericht van Merel. Dat mijn jeugdvriendin na al die jaren contact met me zoekt, had ik niet verwacht en het raakt me. Ik denk aan de mooie, leuke dingen die we samen hebben meegemaakt. Maar het zorgt er ook voor dat een oude wond wordt opengereten. Het gevoel dat ik had toen ik door haar vader werd weggestuurd en er een einde kwam aan onze vriendschap komt direct weer naar boven.

We sturen wat berichtjes heen en weer en daarna spreken we in een Amsterdams cafeetje af. Merel is geen steek veranderd. We praten meteen honderduit. Het voelt alsof we elkaar een maand niet hebben gesproken, terwijl we in werkelijkheid sinds ons veertiende geen contact meer hebben gehad. Maar er is natuurlijk een onderwerp dat vroeg of laat aangeroerd zal worden. Het duurt een halfuur voordat we op de dag komen waarop aan onze vriendschap een einde kwam.

'Ik wist niet wat ik moest doen, ik was maar in één ding heel goed en dat was: weglopen voor de moeilijke dingen in het leven,' zegt Merel over het moment dat haar vader mij de deur wees.

'Twaalf jaar lang heb ik met vraagtekens rondgelopen over die dag,' verklap ik haar. Ik vertel dat ik eerst haar vader de schuld van de breuk gaf, maar dat ik steeds meer aan mezelf begon te twijfelen. 'Ik dacht dat ik niet goed genoeg was om vrienden mee te zijn,' beken ik.

Merel knikt. Zwijgt even. Dan vertelt ze dat het voor haar niet eenvoudig was in mijn bijzijn; ik was erg overheersend. 'Jij was alles wat ik niet was.' Merel was introvert, verlegen, bang om dingen te zeggen. Ik was juist heel mondig.

'Jij was ook míjn beste vriendin,' zegt Merel, 'onze vriendschap wilde ik niet kwijt, maar met dat overheersende en harde van jou worstelde ik.'

Dat vertelde ze destijds ook aan haar ouders. Merel wist niet hoe ze dat moest zeggen tegen mij; haar vader, een rechtlijnige marineman, nam haar in bescherming. Hij heeft onze vriendschap afgekapt, dat was in zijn ogen beter voor zijn dochter.

'Ik heb er veel last van gehad hoe het allemaal gelopen is. Het heeft jou gevormd, maar mij ook.' Merel vertelt dat ze vroeg uit huis is gegaan, omdat het thuis niet lekker liep.

Ik ben er beduusd van. 'Die dag is een heel bepalend moment in mijn leven geweest,' zeg ik haar. 'Daarop besloot ik judo als vriend te kiezen.'

Het gesprek levert veel op. Merel is nog steeds een beetje introvert, maar wat is ze een leuk mens. We weten bij het afscheid dat de band tussen ons altijd zal blijven.

De dagen die volgen blijft onze ontmoeting in mijn gedachte. 'Jij was ook míjn beste vriendin,' echoot in mijn hoofd.

In 2005 heb ik mijn heao-studie afgerond en tijdens mijn blessureperiode word ik aangenomen door de NS, waar ik aan de slag ga als manager. Langzaamaan mag ik mijn arm steeds weer wat meer gaan belasten. Met alles wil ik de beste zijn, zo ook met revalideren. Ik let vooral op de dingen die ik nog niet kan, die zorgen voor twijfels en tranen. Maar die onderdruk ik weer door keihard te knokken en fanatiek de oefeningen te doen die ik voorgeschreven heb gekregen. Ik moet terugkeren op mijn oude niveau. Sterker nog, ik zal beter en sterker worden dan ik was.

Ik ben vreselijk ongeduldig. 'Mag ik weer beginnen met de judotraining? Volgens mij ben ik er wel klaar voor,' zeg ik drie maanden na de operatie tegen sportarts Peter Vergouwen. 'Denk je dat?' vraagt hij. Peter pakt mijn linkerarm en zegt dat ik die strak moet houden. Zonder probleem drukt hij die naar beneden. 'Je bent er nog niet klaar voor,' zegt hij droogjes. 'Als je te snel begint, krijg je last van andere blessures.'

Ik zucht diep. Ik ken Peter al sinds mijn zeventiende en hij heeft altijd gelijk als het om mijn lichaam gaat. Ik kan het heel goed met hem vinden; hij doet niet alleen de fysieke controles, maar is er ook voor mijn mentale ondersteuning. Maar nu ik voor het eerst zwaar geblesseerd ben, is hij streng voor me.

Ik vervloek hem als ik te horen krijg dat ik nog langer stil moet zitten. Maanden niets mogen doen is voor mij een hel. 'Je herstelt drie keer zo snel als iemand die niet aan topsport doet.

Jij kijkt alleen maar naar wat je niet kunt; probeer ook eens tevreden te zijn met wat je al wél weer kunt,' probeert hij me moed in te praten. Ik kan Peter geen groter plezier doen dan hem de volgende keer de vooruitgang te laten zien die ik heb geboekt.

Mijn coach laat niet veel van zich horen als ik thuiszit. Dat is Chris, weet ik. Als ik hem spreek, is het eerste en soms ook enige wat hij vraagt: 'Wanneer kom je weer judoën?' Met Marjolein heb ik meer contact, zij weet wat het is om geblesseerd te zijn en is heel geïnteresseerd. 'Wat mag je nu doen? Hoe verloopt het contact met Peter Vergouwen? En hoe ziet de rest van het traject eruit?'

Als ik begin oktober 2006 de judotraining weer op mag pakken, kijk ik met een schuin oog meteen naar het NK, eind van de maand. 'Daar komt niets van in,' boort Peter Vergouwen meteen mijn hoop de grond in. Ook Chris heeft al laten weten het niet verstandig te vinden. Ik zucht diep: als Peter zegt dat het niet kan, dan gaat het ook echt niet. Accepteren maar weer.

Wat mis ik de kick van het winnen na al die maanden zonder wedstrijden. Niets is zo lekker als het moment dat ik iemand werp en zeker weet dat zij op haar rug gaat vallen. Een goede houdgreep geeft ook zo'n onbeschrijflijk gevoel. Of wat te denken van een *sankaku*, een verwurging waarbij mijn tegenstander met haar hoofd en arm klem zit tussen mijn benen. Met mijn benen knijp ik de lucht uit mijn tegenstander, ik voel de weerstand afnemen, omdat zij hapt naar adem. Dat is zo'n machtig gevoel. En dan de ontlading als de scheidsrechter 'ippon' roept...

Eigenlijk geeft niets in het leven mij dezelfde voldoening als winnen. Het voelt als klaarkomen, maar dan nóg lekkerder en fijner. De adrenaline komt bijna uit mijn oren als ik win, heel vaak heb ik het kippenvel op mijn armen staan. Winnen is zo verslavend, het verveelt nooit. Ik wil alleen maar meer, meer en meer, ben er gewoon verslaafd aan. De honger is niet te stillen, ik heb er alles voor over. Van het gevoel de beste te zijn, groei ik. Op het moment dat ik win, kan ik de hele wereld aan. Euforie is mijn drug. Helaas duurt dat gevoel net als bij echte drugs maar heel kort: ik wil alleen maar méér.

Ik kan niet wachten tot ik eindelijk weer wedstrijden mag judoën. Net als voor Peter ben ik ook voor mijn familie niet de gezelligste zolang ik het moet doen zonder het gevoel van winnen. Ik racete als een formule 1-wagen door het leven – en ineens sta ik stil. Ik heb geen controle over mijn lichaam, moet mijn tijd uitzitten en dat zorgt ervoor dat ik nog ongeduldiger en emotioneler ben.

Mijn ouders zoek ik niet vaak op tijdens mijn blessure. Ik heb een kort lontje, wil niet dat ze zich bemoeien met mijn leven en duw ze weg. Ik bel ze wel geregeld, maar vooral om te klagen. Ze zijn mijn uitlaatklep.

'Hoe gaat het?' vragen mijn ouders oprecht geïnteresseerd.

'Hoe denk je dat het gaat! Klote natuurlijk,' antwoord ik geïrriteerd.

'Wordt het al wat beter?' vragen ze vriendelijk.

'Nee, het schiet niet op. Ik kan niks en twijfel of het ooit nog goed komt,' verzucht ik.

In mijn beleving is mijn blessure het ergste wat iemand kan overkomen. Niets in de wereld is erger.

13

2007

De laatste druppel

Op 28 januari 2007, acht maanden na het ontstaan van mijn blessure, maak ik mijn rentree tijdens een toernooi in Sofia. Ik weet dat ik wedstrijdritme mis en dat het tijd zal kosten om weer terug te komen op mijn oude niveau, maar ik hoop stiekem dat ik de uitzondering op de regel ben.

In de kwartfinale doe ik niet onder voor mijn tegenstander, de Oekraïense Maryna Pryshchepa. Maar waar ik voor mijn blessure makkelijk vijf minuten voluit door kon blijven gaan, gaat nu na drie minuten mijn lichtje uit. Ik mis ritme, merk dat ik angstig ben voor mijn elleboog en krijg een hard punt tegen.

Het lukt niet om te relativeren en realistisch vast te stellen dat het normaal is dat ik niet meteen top ben tijdens mijn eerste toernooi. 'Ik heb nog niet hard genoeg getraind,' zeg ik tegen mezelf.

De twijfel slaat toe. 'Ik vraag me af of ik nog wel op mijn oude niveau terug kan komen,' zeg ik tegen de mensen die dicht bij me staan. Ze steunen me. 'Wees geduldig,' krijg ik steeds te horen.

Maar dat is nou net niet mijn sterkste eigenschap, merk ik niet voor het eerst. Ik ben de meest ongeduldige persoon die er bestaat.

Een maand later, op 27 februari, zijn mijn ouders op bezoek in Lopik. Ik heb mijn vader gevraagd of hij wil helpen met klussen in huis. We wonen er al bijna een jaar, maar de wc moet nog worden betegeld. Mijn vader is ontzettend handig, heeft thuis een grote schuur vol met gereedschap. Voordat we beginnen, gaan we eerst samen naar de bouwmarkt om materialen te kopen. Mijn vader is helemaal in zijn nopjes, kijkt verrukt naar boormachines zoals ik naar nieuwe schoenen en kleding kan kijken.

Peter is op Mallorca, voor het wk baanwielrennen. Vanavond zal hij samen met Danny Stam de koppelkoers rijden. Mijn ouders blijven bij me slapen; samen volgen we het wk live op Eurosport. Ik begin een paar uur voor de start al kriebels te krijgen, gun Peter en Danny zó een medaille.

Na een paar uur klussen zitten we klaar voor de koppelkoers. De spanning is bij mij inmiddels zover opgelopen dat ik sta te stuiteren in de woonkamer. Ze liggen op koers voor een medaille en ik sta te gillen naar het beeldscherm. Na een onmogelijk spannende koers pakken Peter en Danny het zilver. Wat ben ik blij. Mijn vreugde maakt al vrij snel plaats voor angst als ik zie dat Peter, die aan het uitrijden is, ter hoogte van de finish keihard van achter wordt aangereden door een Oekraïense renner die voor zijn eindklassering heeft gesprint. Peter klapt op de baan en meteen is te zien dat het mis is. Ik roep heel hard 'nee', sla mijn hand voor m'n mond en kijk met grote ogen naar de televisie. Het ziet er niet goed uit. 'Hoe erg is het?' roep ik meerdere keren gestrest en bezorgd.

Mijn moeder zegt iets als Peter op de grond ligt. Ik weet niet eens wat ze roept, maar alles is te veel. 'Hou jij nou gewoon even je mond, stil nou eens!' gil ik. 'Alleen Peter telt nu voor mij, verder interesseert niets me,' roep ik geëmotioneerd. 'Edith, doe even normaal zeg!' roept mijn moeder.

Ik hoor niet wat ze zegt, keur haar geen blik waardig en begraaf me in het scherm van mijn mobiele telefoon. Ik moet weten hoe het met Peter is. De rest komt later.

Peter wordt met een brancard afgevoerd. Het lijkt een eeuwigheid te duren, maar ik heb contact kunnen maken met Mallorca. Bondsarts Tjeerd de Vries vertelt dat Peter naast kneuzingen en brandplekken ook zijn sleutelbeen heeft gebroken. Ontzettend vervelend, maar gelukkig geen levensbedreigende situatie. Zodra ik klaar ben met het gesprek valt de spanning van me af. Mijn emoties zijn gezakt.

Op het moment dat ik naar mijn moeder kijk, zie ik dat ze boos is. Haar gezicht staat anders dan anders. Uitleggen kan ik het niet, maar er is iets goed mis.

Na een onrustige nacht tref ik mijn moeder in haar eentje in de woonkamer. Ze zit aan de eetkamertafel. Bij het zien van haar blik zie ik dat de boosheid nog niet is gezakt. Ik zet een kop thee en ga tegenover haar aan tafel zitten. Zonder te vragen hoe het met haar is, val ik met de deur in huis. 'Mam, even over gisteravond. Dat bedoelde ik niet zo. Ik neem aan dat je dat toch wel snapt?'

Mijn moeder kijkt naar beneden en is een moment stil. Als ze me aankijkt, zie ik een harde, koude blik. 'Nee Edith, dat snap ik niet. Ik ben echt helemaal klaar met jou. Jarenlang heb ik me ingehouden, maar nu ben je te ver gegaan,' zegt ze. Het voorval gisteren is de druppel die de emmer heeft doen overlopen.

Ik laat de woorden niet op me inwerken, maar ben meteen boos. Hoe kan ze dit nu zeggen, na zo'n klein voorvalletje. Met een verontwaardigde blik kijk ik haar aan. 'Dit meen je toch zeker niet serieus? Overdrijf je niet een beetje?'

'Voor mij ben je mijn dochter niet meer,' zegt mijn moeder. Ze kijkt me aan met een lege blik.

Dit heb ik totaal niet zien aankomen. Mijn boosheid maakt plaats voor puur verdriet. Mijn ogen vullen zich met tranen. Ik vraag aan mijn moeder of ze beseft wat ze net tegen mij heeft gezegd. Een rustig en duidelijk 'ja' komt uit haar mond. Ze geeft aan dat ze mij voorlopig niet meer wil zien en horen.

Ik weet niet wat ik moet zeggen. Ons gesprek is ten einde; huilend sta ik op en loop naar boven.

Na niet al te lange tijd komt mijn vader naar boven om te zeggen dat hij en mijn moeder naar huis gaan. Hoopvol kijk ik hem aan. Gaat hij nog iets zeggen over deze vervelende situatie? Mijn vader zegt dat ik echt te ver ben gegaan bij mijn moeder en dat ik het voor nu moet laten rusten. Wat vindt hij eigenlijk zelf? Ik vraag het hem niet.

Als ik ergens mee zat, belde ik mijn moeder. Als ik chagrijnig was of geïrriteerd reageerde, hoorde ik mijn moeder nooit klagen. Ik stond niet stil bij wat het met haar deed als ik weer bits reageerde of haar niet uit liet praten. Ik vond het vanzelfsprekend dat mijn moeder voor me klaarstond. Maar ook als ik gewoon wilde kletsen, belde ik haar. Bijna dagelijks hoorde ik haar stem. Ineens is het contact volledig verbroken.

In het begin denk ik dat het wel los zal lopen. Het judo gebruik ik als uitlaatklep. Ik train keihard, niet alleen om me af te reageren, maar natuurlijk ook om weer terug te keren aan de top na mijn blessure. Ik heb prijzen nodig. Begin april pak ik brons op het EK in Belgrado, mijn eerste grote toernooi na mijn zware elleboogblessure. Normaal gesproken bel ik mijn ouders meteen na afloop. Of zij mij. Nu gebeurt dat niet.

Op 31 mei, de dag dat ik mijn achtentwintigste verjaardag vier, hoop ik op een telefoontje of bericht. 's Avonds spreek ik Karen. 'Hebben papa en mama nog iets van zich laten horen?' vraagt ze. 'Nee,' antwoord ik. Na het telefoongesprek zit ik huilend op de trap; de valse hoop heeft plaatsgemaakt voor de bittere realiteit. Ook mijn verjaardag is geen reden geweest om het stilzwijgen te verbreken.

Bellen of onaangekondigd voor de deur gaan staan, durf ik niet. Ik weet zeker dat ze niet mals zullen zijn in hun commentaar, en dat vind ik te confronterend.

Ik probeer mijn emoties ook weg te stoppen en me stoerder voor te doen dan ik ben. Het is zoals het is, maak ik mezelf wijs. Maar Peter weet hoe erg ik ermee zit.

De schuld van de breuk leg ik steeds neer bij mijn vader en moeder. Zíj willen geen contact, zíj willen deze situatie niet oplossen. Als mijn ouders niets laten horen op mijn verjaardag, heb ik weer een reden om kwaad op ze te zijn. Bij alles zoek ik een bevestiging dat het niet aan mij ligt. Tegelijkertijd denk ik als ik in mijn eentje thuiszit heel vaak: waar is het tussen ons zo fout gegaan?

Na acht maanden is het genoeg geweest. Ik wil het zo niet langer. Ik besluit toenadering te zoeken. Karen bemiddelt om tot een afspraak te komen. Mijn vader en moeder stemmen in met een gesprek bij hen thuis.

Peter gaat met me mee; alleen durf ik niet. Ik ben stikzenuwachtig als we de straat in komen rijden. Normaal gesproken zwaait de deur open als ik eraan kom, nu gaat hij pas open als ik heb aangebeld. Ik geef mijn vader en moeder drie zoenen. Het ongemak hangt in de lucht.

Even aftasten is er niet bij, alles komt meteen op tafel. Situaties die zich soms meer dan tien jaar eerder hebben voorgedaan en die ik me niet altijd meer kan herinneren, krijg ik met terugwerkende kracht terug van mijn vader en moeder. Mijn ouders hebben altijd voor mij klaargestaan, zich jaren weggecijferd. Alle lelijke dingen die ik riep, slikten ze weg. En nu is het voor hen genoeg, vertellen ze.

De pijn en teleurstelling zitten diep bij hen. Ze vinden mijn houding niet oké. Ik heb een attitude, kleineer mensen, roep lelijke dingen in de aanloop naar toernooien en houd geen rekening met gevoelens van anderen. 'De hele wereld draait om jou, het is de grote Edith Bosch Show,' vinden mijn ouders.

Ik heb het heel anders ervaren en herken veel zaken niet zoals zij ze voorspiegelen. Ik ben echt geraakt door wat mijn vader en moeder vertellen. Ik probeer uit te leggen dat ik altijd het gevoel heb gehad mij te moeten bewijzen voor mijn ouders. Mijn vader geeft geregeld aan dat ik niet weet wat echt werken is. Daarmee doelt hij op mijn leven als topsporter. 'Ik voel mij niet altijd serieus genomen,' zeg ik. Mijn ouders begrijpen niet wat ik zeg en zien het zo niet.

Ik ga na een paar uur met een rotgevoel weg bij mijn ouders. Ik heb mijn excuses aangeboden voor gedrag waar ik mij niet in herken. Ik deed het om er maar vanaf te zijn. Ik heb het gevoel dat mijn ouders vinden dat ík alles fout heb gedaan en dat ík moet veranderen.

We hebben afspraken gemaakt en elkaar beloofd te gaan werken aan de verstandhouding. We zullen in de toekomst meteen aan de bel trekken als er iets verkeerd gaat en mijn moeder zal niet alles meer pikken van mij. Maar toch voelt het niet goed.

Tegen Peter zeg ik als we terugrijden naar Lopik: 'We hebben voor mijn gevoel niet echt naar elkaar geluisterd, volgens mij zijn we geen steek verder.'

14

2008

Brons in Beijing

Fotografen zijn niet blij met mij. Ze hebben hun foto nog niet in de krant staan of ik ben alweer van kapsel gewisseld. Zwart, bruin, knalrood, zilverkleurig, lang, kort, boblijn. Ik heb een keer roze haar gehad, toen het misging met doe-het-zelf-blonderen. En ik heb rondgelopen met gemillimeterd haar; mijn haar brak af als gevolg van de vele verfbeurten en toen bracht alleen de tondeuse van Karen nog uitsluitsel.

Voor Peter is het elke keer weer een raadsel wat hij aantreft als ik naar de kapper ben geweest. 'What the fuck is dit nou weer!' riep hij toen ik met een bijna kale kop voor de deur stond en zei: 'Verrassing!'

Ik ben impulsief, ook als het mijn uiterlijk betreft. Ik vind het saai als ik lange tijd hetzelfde kapsel heb. Zoals ik ook vaak verhuis, omdat ik onrustig word van heel lang op dezelfde plek wonen. Dat betekent stilstand. En ik wil vooruit.

Maar dat is in de aanloop naar de Spelen in Beijing niet eenvoudig. Ik word na mijn elleboogprobleem telkens geremd, steeds heb ik last van blessures, terwijl ik voorheen altijd maar door kon blijven gaan. Een ingescheurde enkelband, gedwongen rust door mijn lies, een onwillige buikspier: het zit niet mee.

Gelukkig ben ik zeker van deelname aan de Spelen, concurrentie heb ik niet in Nederland sinds Athene. Nicky Boontje doet al een tijd niet meer mee aan internationale toernooien.

Eén keer, in 2001, was ze mij voorbij en mocht zij deelnemen aan het EK en ik niet. Daarna is dat niet meer voorgekomen. Als ik mijn oude penvriendin op de toernooien zag, dacht ik soms: ik sta een mooie internationale judocarrière voor jou in de weg. Zonder mij had zij ook aan de Spelen meegedaan, had ze waarschijnlijk medailles op de grote toernooien gewonnen, want zo goed was Nicky. Zielig vond ik het niet. We hebben dezelfde kansen gehad en ik heb ze gepakt. Klaar.

Tijdens het NK in december 2007 komt Nicky op me af. 'Misschien heb je het al gehoord: ik ga stoppen,' zegt ze. Ik heb het nog niet gehoord en kijk haar met een vragende blik aan. Nicky vertelt mij vervolgens hoe het is om steeds nummer twee te zijn en hoe moeilijk dat soms voor haar is geweest. Ze vertelt dat we judoënd niet voor elkaar onderdoen, maar dat ik mentaal gewoon veel harder ben. Het is zo eerlijk en zo kwetsbaar, ik krijg er een brok van in mijn keel. Wat vind ik haar stoer en dapper.

Ik heb er inderdaad nooit over nagedacht hoe frustrerend het moet zijn als iemand telkens zo bruut je dromen verstoort. Ik ben voor altijd verbonden met haar, want ik ben de persoon die haar olympische droom in de weg heeft gestaan.

'Wat heftig,' zeg ik, 'maar ik moet jou tegelijkertijd bedanken. Doordat jij me in 2001 voorbijging, moest ik nog een tandje bijschakelen. Ook dankzij jou heb ik de wereldtop gehaald. Onze concurrentiestrijd was er niet een op Nederlands, maar op mondiaal niveau.'

Wat ik altijd zo knap vond, was dat ze me na elke medaille op EK's, WK's en Spelen een berichtje stuurde om me te feliciteren. Ik denk niet dat ik dat gekund had bij mijn concurrent.

Ik ben geraakt als we afscheid nemen. De rest van de dag blijf ik aan ons gesprek denken. 'Wat een klasse. Respect, Nicky,' zeg ik hardop.

Peter en ik gaan allebei naar de Olympische Spelen in Beijing. Ik heb er heel veel zin in, ben weer fit. Natuurlijk ga ik voor goud, maar is dat reëel na al het gekwakkel? De afspraken die ik in 2000 had gemaakt met Mark, gelden ook nu ik met Peter ben: we laten elkaar met rust, willen elkaar niet storen in de voorbereiding. Om me zo goed mogelijk voor te bereiden, neem ik een halfjaar voor de Spelen verlof bij de NS.

Op 13 augustus 2008 kom ik in actie. Peter is er niet, het baanwielrennen is ook bezig. Natuurlijk ben ik weer gespannen en gestrest voor mijn eerste partij, al moet ik tegen een onbeduidende judoka van de Fiji-eilanden. Na een minuut heb ik haar op de rug liggen.

In de kwartfinale tref ik Ronda Rousey, een Amerikaanse met een grote mond en attitude. Zij won bij het WK in 2007 van mij. Wij zijn geen vriendinnen. Als ik van iemand graag wil winnen, dan wel van haar.

Het gaat hard tegen hard, we slaan elkaars handen weg. We gaan gelijk op en na vijf minuten is er nog geen winnaar. We gaan de *golden score* in. Zelfs een strafje is nu voldoende om door te gaan. Rousey zet in, meteen neem ik haar actie over door haar been te pakken. Het is het ultieme voorbeeld van judo: gebruikmaken van de kracht van een ander. Rousey werp ik met behulp van haar eigen kracht vol op haar rug. Rousey staat juichend op, alsof ze de wedstrijd heeft gewonnen. Misschien hoopt ze op die manier de scheidsrechter van de wijs te brengen. Ik bal mijn vuist en lach naar Chris. Deze wedstrijd is gewonnen. Hijgend als een paard loop ik de mat af, deze wedstrijd heeft heel veel van me gevergd. 'Ik ben kapot,' zeg ik tegen Chris, terwijl ik met mijn handen in de zij terugloop naar de opwarmruimte.

De halve finale is een herhaling van de olympische finale in 2004. Ueno heb ik sinds 2005 niet meer getroffen, we hebben elkaar ook niet gezien. We kijken elkaar tien seconden strak aan aan weerszijden van de mat. De scheidsrechter geeft de wedstrijd vrij en we slaken allebei een kreet.

Ze doet iets raars met haar pakking. Ik heb er geen antwoord op. Paniek. Waarom weet ik dit niet? Had ik dit moeten weten? Het gevoel is zo anders dan in Athene. Toen voelde ik dat ik beter was en nu merk ik meteen dat ik geen antwoord heb op haar manier van pakken. Telkens pakt ze me aan mijn mouwen en trekt me naar beneden. Na twee minuten krijg ik een straf. Ik kijk even naar Chris. Hij gebaart dat ik tempo moet gaan maken en risico's moet gaan nemen.

Ik ben wanhopig, sta achter en heb geen idee hoe ik bij Ueno kan komen. Het wordt heel moeilijk om nog te winnen, dat gevoel heb ik bijna nog nooit gehad. We blijven strijden om de pakking. Met nog iets minder dan een minuut te gaan, krijgen we allebei een straf tegen.

De seconden tikken weg, ik sta nog altijd achter. Ik kijk naar Chris, die nog steeds naar me roept. Ik schakel over op de alles-of-niets-tactiek, pak Ueno vast en zet een beenworp in. Ze twijfelt geen moment, grijpt mij vast en rolt me op m'n zij. Ik krijg een waza-ari tegen. Tijd om de schade te herstellen is er niet meer.

Ik blijf even languit op de mat liggen, Ueno staat op. Ze toont geen spoortje emotie. Mijn gevoel is totaal anders dan vier jaar eerder. Eigenlijk heb ik meteen al vrede met deze nederlaag. In Athene was ik de beste, maar maakte ik het niet waar; dit keer is Ueno simpelweg beter.

Olympisch goud blijft de enige nog ontbrekende prijs, maar ik kan nog wel brons winnen. 'Ik ga hier echt niet weg zonder medaille,' zeg ik tegen Chris.

In de strijd om plek drie neem ik het op tegen de Spaanse Leire Iglesias. Ik voel meteen dat ik beter ben. Ik knok, schop, trek en duw. De ontregelingstactiek heeft vlak voor tijd zoals zo vaak effect. Ik krijg Iglesias uit balans, werp haar op haar rug.

Brons. Ik schreeuw het uit, ben van heel ver gekomen en heb mezelf beloond met een medaille. De tranen komen, en in tegenstelling tot vier jaar terug zijn ze nu van geluk. Dit keer heb ik geen goud verloren, maar brons gewonnen.

Op de tribune gaan Karen en mijn zwagers helemaal uit hun dak. Ik heb het hele gezin uitgenodigd om op mijn kosten naar China te komen, omdat ik denk dat dit weleens mijn laatste Spelen kunnen zijn. Mijn oudste zus en mijn twee zwagers zijn ingegaan op mijn aanbod, mijn ouders en middelste zus zijn thuisgebleven. 'Thuis kan ik het ook goed volgen en ik wil alle sporten zien,' zei mijn moeder, maar ze vertelde ook eerlijk dat ze niet met de druk om kan gaan. Mijn moeder gaat altijd wandelen met de hond als ik moet judoën. Ook Suzan kan niet met de stress overweg, en ze houdt niet van vliegen.

Ik ben zo vrolijk na afloop, knuffel met iedereen. 'Ik was niet de beste vandaag, maar heb mooi wél een medaille,' roep ik trots. Mark komt naar me toe om me te feliciteren. Hij heeft vandaag afscheid genomen van het judo en had zich dat heel anders voorgenomen. Als eerste judoka wilde hij bij vier opeenvolgende Spelen een medaille winnen, maar Mark verloor vandaag al in de tweede ronde. Ik omhels hem, vertel dat ik trots op hem ben en dat het slagen van zijn carrière niet afhing van vandaag.

Met mijn zus en zwagers gaan we drie dagen later naar het Vélodrome om Peter aan te moedigen. Het is nu of nooit voor Peter. Hij is eenendertig jaar, won in 2006 de wereldtitel en pakte eerder dit jaar brons op de puntenkoers. Dit is zijn vierde olympische deelname; als hij een medaille wil winnen, moet het nu. Maar zijn benen voelen niet goed, heeft hij al door laten schemeren, en dit keer is het geen excuus.

Vooraf wordt Peter gezien als medaillekandidaat, maar hij is uitgerekend op de Spelen niet vooruit te branden. Hij rijdt achter in de groep, doet geen moment mee aan de tussen-sprints. Peter haalt nul punten; ik vind het zo sneu, heb tranen in mijn ogen. Ik weet hoe graag hij hier goed wil rijden, wat hij er allemaal voor heeft gedaan.

Na afloop tref ik een aangeslagen Peter. Mijn zus, zwagers en ik proberen hem te troosten, leven ontzettend met hem mee en hadden hem veel meer gegund dan dit.

Peter kan zich over de teleurstelling heen zetten en we hebben samen nog een leuke tijd in Beijing. Net als vier jaar geleden word ik voortdurend gefeliciteerd met mijn medaille, en dit keer heb ik er geen probleem mee.

15

2008-2009

Worstelen in stilte

Net als na de vorige Spelen zit ik ook na terugkeer uit China en alle daaropvolgende huldigingen op de bank en denk na over hoe het verder moet. Ik ben wereldkampioen geweest, heb twee Europese titels en twee olympische medailles. Er is nog één ding wat ik niet heb: olympisch goud. Maar op een eventuele nieuwe kans moet ik vier jaar wachten.

In 2004 ben ik meteen als een bezetene gaan trainen, maar nu krijg ik het benauwd als ik eraan denk dat ik meteen weer verder moet. Ik ben moe van het strijden en vraag mij af wanneer het goed genoeg is. Ik kan er geen antwoord op geven.

Tegelijkertijd schiet ik in de stress als ik denk aan een leven zonder topsport. Wat moet ik dan? Een baan van negen tot vijf? Mooi niet. Hoe leid je eigenlijk een 'normaal' leven? Het leven als topsporter is al sinds mijn vijftiende mijn houvast.

Ik weet niet wat ik wil. Bij Chris en Marjolein geef ik aan waarmee ik worstel. 'Misschien moet ik hulp inschakelen,' opper ik voorzichtig. Allebei zeggen ze resoluut: 'Nee!' Mijn coaches zijn bang dat een psycholoog mijn hoofd op hol zal brengen, dat ze mij kwijt zullen raken.

Ik twijfel niet alleen over het judo. Ik stel mezelf geregeld de vraag: is dit het nu? Ik heb een lieve, leuke vriend, we hebben net een gave splitlevelwoning in Amersfoort gekocht. Ik ben gek op onze hond Mila, ik heb leuke vrienden en familie, een goede baan als manager bij de Nederlandse Spoorwegen en ben de beste judoka van de wereld geworden. Het perfecte plaatje zoals ik dat altijd in mijn hoofd had, heb ik gerealiseerd. Toch voel ik er weinig bij. Ik schaam me voor mijn gevoel, vind mezelf ondankbaar.

Als ik mensen hoor zeggen dat ze zo gelukkig zijn, denk ik steeds: misschien ben ik gewoon veel te nuchter. Ik voel gewoon minder dan andere mensen. De gedachte dat dit het voor mij is, dat ik het hiermee moet doen de rest van mijn leven, stemt mij niet vrolijk. Ik probeer mezelf een schop onder m'n kont te geven. Ik heb alles wat ik ooit heb gewenst, mensen zouden een moord doen voor wat ik heb. Wat doe ik nou moeilijk!

Als ik thuiskom en ik heb het gezellig met Peter, denk ik: zie je wel! Maar de twijfels nemen steeds vaker bezit van mij. Waarom voel ik mij niet gelukkig? Ik probeer mijn gevoel te parkeren, maar dat lukt niet. Mijn gedachten gaan alle kanten op, ik raak de controle kwijt. Ik worstel er heel erg mee, maar wel in stilte.

Altijd heb ik een ontsnappingsroute: keihard werken. Ik geef nog altijd honderd procent, dus dat ik ondanks dat niet gelukkig ben, ligt aan Peter – denk ik. Hij moet gewoon wat beter zijn best doen. Als hij nou wat attenter en enthousiaster is, dan zal dat vast effect hebben. Ik probeer Peter te kneden, dat is in mijn ogen nodig om alles mooi en goed te houden. Steeds vertel ik hem wat hij anders moet doen, we krijgen er ruzie over. 'Zo ben ik nu eenmaal niet,' bijt hij me toe. Ik blijf volharden omdat ik denk dat dit gaat helpen om me gelukkiger te laten voelen.

Na de Spelen loop ik opnieuw te kwakkelen met mijn gezondheid. Ik word achtervolgd door virussen en infecties. Pas vlak voor het EK in Tbilisi in april 2009, het eerste grote toernooi na Beijing, besluit ik af te reizen naar Georgië. Ik ben absoluut niet in topvorm en verlies in de halve finale net van Lucie Décosse. De Française won in Beijing olympisch goud in de klasse tot 63 kilogram en heeft de stap naar mijn categorie gemaakt. Ik weet toch nog brons te pakken; niet slecht met de minimale voorbereiding die ik heb gehad.

Ik heb een mooi scenario in mijn achterhoofd. Ik wil nog ruim vier maanden alles geven, tot en met de wereldkampioenschappen in Ahoy. Hoe mooi zou het zijn om voor eigen publiek afscheid te nemen met een wereldtitel? Als dat lukt, kan ik tevreden zijn. Dat is de oplossing. Het kan niet anders. En dan, maak ik mezelf wijs, ben ik ook meteen klaar voor de volgende stap: een leven zonder judo. Ik zeg tegen niemand dat ik dit in mijn hoofd heb, weet dat ik mezelf enorm onder druk zal zetten als mijn plan bekend wordt. Ook tegen Chris en Marjolein rep ik er met geen woord over.

In de aanloop naar het WK merk ik dat ik het steeds moeilijker vind om alles opzij te zetten voor mijn sport. Het gevoel dat judo allesoverheersend is in mijn leven brokkelt af. Zelfs nu er zo'n belangrijk toernooi aan komt.

Wat ook niet helpt, is dat alle ogen op mij zijn gericht. Ik ben het boegbeeld van het Nederlandse vrouwenjudo, mijn beeltenis is te zien op de vlaggen rond Ahoy. Mensen kopen speciaal voor mij een kaartje, en dat besef zorgt voor veel druk. Judoën in eigen land vond ik altijd al moeilijk, omdat ik dan van mezelf niet mocht falen, maar nu is het gevoel dat ik absoluut niet mag verliezen sterker dan ooit.

Ik bezwijk onder de spanning, ben niet mijzelf op 29 augustus. Ik heb altijd last van wedstrijdspanning, maar weet normaal wel gefocust te blijven. Nu vlieg ik tijdens de weging en het ontbijt alle kanten op. Er komen zoveel mensen voor mij kijken, ik moet het laten zien, schiet constant door mijn hoofd.

Het is heel druk in Ahoy. Mensen scanderen mijn naam als ik opkom. Met hangen en wurgen win ik mijn eerste wedstrijd van een judoka uit Mongolië. Ik begin heel vaak stroef aan een toernooi, dat zegt niets, praat ik mezelf moed in. In de tweede ronde moet ik tegen een Oostenrijkse, zegt Chris. Samen zitten we op de atletentribune als hij mij een korte analyse van mijn tegenstander geeft, vertelt wat haar zwakke en sterke punten zijn.

Als ik ga klaarstaan in de catacombe van Ahoy, staat er ineens een Colombiaanse naast me. Die staat hier verkeerd, denk ik. Of sta ik te vroeg klaar? We worden opgeroepen en ik zie haar ook oplopen. Ik snap er helemaal niets van. Ik kijk Chris aan en zeg: 'Ik moet toch tegen een Oostenrijkse?' Chris kijkt nog eens goed op zijn papier en komt erachter dat hij een fout heeft gemaakt. Dit is niets voor mijn trainer. Het voorval is voor mij de druppel. Ik ben het helemaal kwijt.

De wedstrijd begint. Ik kom voor, mijn tegenstander Yuri Alvear krijgt een straf. Ik blijf telkens vertwijfeld naar Chris kijken, kan maar niet van me afzetten dat ik tegenover iemand sta op wie ik me niet heb voorbereid. Met nog vijftig seconden te gaan, krijg ook ik een straf. Het staat weer gelijk. Ik ben zó onrustig. Met nog tien tellen te gaan, besluit ik een beenworp in te zetten. Een alles-of-niets-poging, terwijl dat helemaal niet nodig is. Alvear neemt me over en ik beland op mijn rug. Het is klaar. Einde wk. Nog nooit heb ik zo slecht gepresteerd.

Gedesillusioneerd en hoofdschuddend loop ik de mat af. Ik heb helemaal niets kunnen laten zien. Ik denk dat alle mensen in Ahoy mij een slechte judoka vinden, ben verdrietig en boos en reageer het in eerste instantie af op Chris. 'Het is jouw schuld, hoe kun je nou zo'n fout maken,' foeter ik. Er volgt een excuus van mijn trainer. 'Daar heb ik nu niks meer aan,' mok ik.

De tranen rollen over mijn wangen als ik de pers te woord sta. De hoge verwachtingen heb ik niet waar kunnen maken, voor mij is het WK een groot fiasco. Ik zeg niets over de twijfels waarmee ik al een paar maanden rondloop. 'Ik kon de druk niet aan, in Nederland kan ik gewoon niet goed presteren,' zeg ik, 'ik baalde al enorm toen ik hoorde dat het WK in Rotterdam werd gehouden. Ik stond hier te trillen van de zenuwen. In de eerste ronde vloeiden mijn krachten al uit mijn lichaam. Ik ben superfit, maar ik was gewoon te zenuwachtig, blokkeerde helemaal. Ik heb gefaald, hier zijn geen excuses voor. Volgend jaar nieuwe ronde, nieuwe kansen bij het WK in Japan.'

's Middags wordt Marhinde Verkerk wereldkampioen. Wat ben ik blij voor haar, met de clubgenoten van Budokan nemen we haar op de nek. Maar als ik vertrek uit Ahoy is het vraagteken in mijn hoofd alleen maar groter. Mijn wereld is beetje bij beetje aan het instorten. Ik kan me niet meer verschuilen achter het judo. Wat is er aan de hand?

De vertwijfeling is compleet na het WK. Zo kan ik niet stoppen met judo. Maar op deze manier doorgaan is ook geen optie. Voor het eerst moet ik aan mezelf toegeven dat ik al langer het gevoel heb dat de koek op is tussen Chris en mij.

Mijn gedachten dwalen af naar de goede tijden. De keer dat we zo ontzettend gelachen hebben in Rome. Waar we met zijn tweeën waren. Voor het finaleblok zijn we toen samen gaan lunchen aan het strand. Ik had toen ineens onwijs zin om mosselen te eten. Chris keek me hoofdschuddend aan: 'Weet je het zeker? Daar kun je erg veel last van krijgen en je moet over twee uur al judoën.' Eigenwijs hield ik voet bij stuk. 'Zelf weten,' zei Chris. Dus zat ik even later aan een pan met mosselen. Het smaakte prima. Toen ik een paar uur later ging opwarmen voor mijn finale werden de mosselen eigenwijs. Vlak voor ik de mat op moest, kréég ik me toch het zuur... Mijn maag! En tijdens de finale voelde ik mijn darmen opspelen. Een halve minuut voor tijd keek ik Chris aan en hij wist genoeg, begon keihard te lachen. Er waren nog twee opties over: vol voor een punt gaan of me laten werpen. Een verlenging van de finale ging ik niet trekken. Vlak voor tijd kreeg mijn tegenstander een straf. Ik won, groette en rende de mat af. Toen ik naar het toilet was geweest, kwam Chris niet meer bij. Hij gaf me een tik op m'n neus. 'Ja, ik weet het… je hebt het gezegd,' gaf ik toe.

Hoewel er vaak strijd was en we als mensen van verschillende planeten komen, maakte Chris van mij de judoka die ik ben. Hij is een geweldige trainer. Tijdens belangrijke toernooien wist hij mij altijd goed in vorm te krijgen.

Maar voor mijn gevoel mist Chris de laatste tijd scherpte; de fout op het wk is daar een voorbeeld van. Een aantal weken voor het wk hebben we een gesprek gehad, waarin Chris heeft aangegeven dat hij Anicka van Emden wil gaan coachen. Ik zie dat gezien het aantal judoka's dat hij al coacht en de scherpte die hij mist, totaal niet zitten. Ondanks mijn argumenten heeft Chris besloten het wel te gaan doen. Aan mij de keuze om dit te accepteren of een andere coach te zoeken.

Andere chemie is de boost die ik nodig denk te hebben om als judoka en mens vooruit te kunnen. Ik stap op Chris af. 'Ik denk dat het beter is dat iemand anders mij gaat coachen,' val ik met de deur in huis. Hij reageert onbewogen, stemt meteen in. Wat had ik anders ook verwacht? Chris geeft aan mij te steunen, welke keuze ik ook maak. Het gaat hem immers om mij.

Ik denk na wie, behalve Chris, de 'full package' heeft om samen met mij dit avontuur aan te gaan. Ik kom niet verder dan twee kandidaten: Marjolein en Cor. Ik denk er goed over na wie het beste bij mij past. Ik stel uiteindelijk vast dat Marjolein in haar eentje niet de full package heeft, en dat vertel ik haar. Blijft over Cor van der Geest. De klik met Cor is er altijd geweest. Die was er al toen hij van mijn elfde tot mijn vijftiende bondscoach was bij de dames. Tijdens mijn carrière hebben we het ook altijd goed met elkaar kunnen vinden. Als iemand menselijk is qua emoties, dan is het Cor wel.

'Ik denk eraan om Cor te vragen,' zeg ik. Nu reageert Chris wel, hij schudt zijn hoofd. 'Dat vind ik niet goed.' Het komt er bij Chris op neer dat ik eigenlijk iedereen mag kiezen, behalve Cor. Ik denk: om wie gaat het hier eigenlijk? Natuurlijk weet ik dat hij niet blij is met deze mededeling. Cor en Chris zijn jarenlang vijanden geweest. Ze waren water en vuur, bij toernooien waren er telkens rellen en conflicten tussen hen. Cor noemde Chris ooit bommengooier, schorem en tuig. Ik heb er nooit direct last van gehad, heb mij erbuiten gehouden. Het gebeurde dat judoka's van Kenamju weigerden mee te gaan op trainingsstage omdat ze Chris, die als coach van Mark en mij mee zou gaan, er absoluut niet bij wilden hebben.

Rond de Spelen van 2000 begroeven Chris en Cor de strijdbijl en eind 2001 werden ze allebei bondscoach, zaten ze aan dezelfde tafel te eten. Grappend riepen we dat ze vast ook een hotelkamer deelden. Marjolein zat er steeds tussenin, voor het geval de vlam toch weer in de pan zou slaan. Vrienden zullen ze nooit worden en een overstap van Budokan naar Kenamju ligt ook nu nog zeer gevoelig.

Ondanks de weerstand van Chris besluit ik toch om het gesprek met Cor aan te gaan. Ik zeg dat ik denk dat hij voor mij op dit moment in mijn carrière de juiste coach is.

Cor is vereerd met mijn verzoek. We hebben meerdere gesprekken. 'Ik wil je dolgraag helpen, denk ook dat ik dat kan,' zegt Cor tijdens het laatste gesprek, 'maar ik denk dat het niet verstandig is als je bij mij komt. Dat gaat zoveel stof doen opwaaien in de judowereld, juist nu het al een tijd rustig is. Ik denk ook niet dat jij daarbij gebaat bent, want het gaat invloed op jou en je prestaties hebben. Ik wil je heel graag op de achtergrond helpen, maar ik ga niet op de coachstoel zitten.'

Ik denk na over wat Cor zegt. Is het mij het hele circus waard, als ik voor Cor kies? Wat wil ik? Hoeveel jaar ga ik nog door? Ik besluit dat ik bij Budokan blijf trainen en Marjolein als coach zal vragen. Cor zal op de achtergrond helpen en als klankbord fungeren.

Marjolein gaat niet meteen op mijn verzoek in, omdat ik eerder heb verteld dat mijn eerste voorkeur niet naar haar uitging. Na een korte bedenktijd accepteert ze mijn verzoek.

Zorgen Marjolein en Cor samen voor de frisse wind waar ik als judoka en mens zo naar smacht?

16

2009-2010

Vluchten met gevolgen

We hebben eind 2009 een trainingskamp in Japan en dat wordt afgesloten met een toernooi in Tokio, waar ik derde word. Na afloop vragen een paar buitenlandse judoka's of ik zin heb om mee op stap te gaan. 'Leuk!' antwoord ik.

Als wij met de Nederlandse judoka's op een buitenlandse trip zijn, dan gaan we aan het eind vaak uit. Gezellig een drankje en een dansje. Samen uit, samen thuis. De meiden geven aan dat ze nu niet de stad in willen, en normaliter zou ik dan ook bedanken voor de uitnodiging. Maar ik wil eruit, weg, ik ben onrustig. 'Ik ga mee,' zeg ik tegen de buitenlandse judoka's.

Mijn kamergenoot Elisabeth maakt er geen probleem van, maar mijn goede vriendin Carola kijkt me met grote ogen aan. 'Ik vind het raar. Waarom doe je dit? En hoe kom je terug in het hotel?' vraagt ze.

'Dat maak ik zelf wel uit, ik ga gewoon een biertje drinken,' antwoord ik. 'Er rijden taxi's, dus thuis kom ik wel.'

Ik ga met nog vijf judoka's naar het uitgaanscentrum van Tokio, een nachtclub in. Ik neem een biertje en dat valt verkeerd. Tijdens mijn tweede glas bier word ik al vreselijk dronken. In de club kom ik mannenbondscoach Maarten Arens tegen. Hij kijkt me verbaasd aan. 'Edith? Wat doe jij hier alleen? Als je terug naar het hotel wilt, geef dan een seintje, dan ga ik met je mee.' Ik antwoord met dubbele tong dat het hartstikke goed met me gaat.

Ik krijg nog een drankje in mijn handen gedrukt. Na een paar slokken word ik in één keer vreselijk misselijk. Ik loop naar Maarten en zeg: 'Ik moet nu weg.'

Maarten gaat met me mee naar buiten. Het is druk in de uitgaansstraat. Overal zie ik flikkerende tl-lampen. Auto's toeteren. Alles draait inmiddels voor mijn ogen. Gelukkig komt er vrij snel een taxi. Eindelijk rust, denk ik. Op het moment dat de taxi gaat rijden, voel ik mij nog slechter. Ik weet niet hoe snel ik het raam open moet krijgen. Net op tijd lukt het en leeg ik de inhoud van mijn maag. Niet één keer, maar tal van keren geef ik over tijdens de rit naar het hotel. Praten gaat niet meer, ik kan helemaal niets meer. Nog nooit ben ik zo ziek van de drank geweest.

In het hotel begeleidt Maarten me tot de deur van mijn hotelkamer. Ik strompel naar binnen en ga met mijn jas nog aan en een tasje om mijn schouder meteen richting wc-pot. Verstrengeld met de pot lig ik op de grond. Telkens als ik weer wat aan voel komen, richt ik mijn hoofd op en leg mijn kin op de bril.

Plotseling voel ik een hand over mijn rug aaien. 'Ach meissie, toch. Het gaat niet lekker, hè,' zegt Elisabeth zachtjes, 'ik help je wel in bed.' Als ze me optilt, roep ik: 'Nee!' Ik moet opnieuw overgeven. Daar gaat het tapijt van de hotelkamer, vrees ik. Maar er komt niets meer uit. Elisabeth legt mij in bed, met een emmer en een fles water binnen handbereik. Ik val in een diepe, draaierige slaap.

De volgende ochtend baal ik van mezelf. Ik hoopte dat ik door op stap te gaan dat vlakke gevoel zou kwijtraken. Maar het enige wat ik aan de avond overhoud, is de zwaarste kater ooit en een nog slechter gevoel.

Eenmaal thuis ben ik lusteloos en in mezelf gekeerd. Ik hang op de bank en kijk wat voor me uit. Op alles wat Peter doet en zegt, reageer ik vlak. Ik vind het allemaal prima, de strijd om hem te veranderen, heb ik opgegeven. Onbegonnen werk.

Ik had gehoopt dat ik een boost zou krijgen nu Marjolein mijn coach is, maar niets is minder waar. Ik haal ook steeds vaker mijn schouders op als het om judo gaat. Als iets me niet zint, kon ik erg geïrriteerd raken. Nu heb ik geen zin meer om ertegen te vechten. Mijn perfectionisme heeft plaatsgemaakt voor losbandigheid en laconiek gedrag.

Trainen, werken: alles doe ik op de automatische piloot. Ik functioneer nog wel, mensen merken waarschijnlijk weinig aan me, maar ik voel er niets bij. Als iemand iets zegt, doe ik geïnteresseerd, maar eigenlijk kan het mij niets schelen.

Daar staat hij. Ik loop ook bij het toernooi van Parijs, in februari 2010, direct op hem af om hem te groeten. Soms voel je bij mensen meteen een heel grote aantrekkingskracht. Dat heb ik bij een Braziliaanse judoka uit de klasse tot 81 kilogram. Flavio en ik zagen elkaar voor het eerst in 1999 en ik kon meteen mijn ogen niet van hem afhouden. Onwijs gespierd, donker krullend haar, een stoppelbaardje: de mooiste Braziliaan die ik ooit had gezien. Hij bleek ook nog heel spontaan, aardig en hij spreekt goed Engels.

Elke keer als we elkaar tegenkomen zijn we net twee magneten; er is niets aan te doen, we zoeken elkaar als vanzelf op. We flirten met elkaar, maar er is nooit iets gebeurd. Een van ons had altijd een relatie.

We praten gezellig met elkaar, en de gesprekken zijn zo anders dan die ik met Peter voer. Hij geeft me complimenten, is extravert en ik kan echt mijn verhaal bij hem kwijt. Ik weet dat ik hem niet op moet zoeken, nu ik zo slecht in mijn vel zit, maar ik kan het niet tegenhouden. Ik vóél eindelijk wat, denk ik.

Ik vertel Flavio dat ik in mei meedoe aan het Grand Slam-toernooi in Rio de Janeiro en dat er ook een trainingsstage aan verbonden is. We spreken af elkaar daar te treffen over drie maanden.

Na aankomst in Rio gaan we eerst trainen bij een club om wat te acclimatiseren. Als we al drie kwartier bezig zijn, hoor ik plotseling zijn stem. Ik kijk om en zie Flavio aan de andere kant van de mat. We kijken elkaar aan en krijgen allebei een grote grijns op ons gezicht. Als we na de training weglopen, zegt Marjolein: 'Jeetje Edith, je hoort het nog net niet knetteren tussen jullie, maar wat een vuurwerk.' 'Er is niets,' probeer ik te ontkennen.

Na het trainingskamp blijven Carola, Marhinde en ik nog een week langer om vakantie te vieren in Rio. Ik spreek af met Flavio, die in hetzelfde hotel verblijft, en hij neemt me mee uit eten in Rio. Ik vind het spannend. Mijn hoofd zegt dat wat ik doe onverstandig is, hoewel er niets gebeurt. Ik moet dit niet meer opzoeken, want dan gaat het mis. Een dag later zien we elkaar desondanks opnieuw.

Mijn vriendinnen weten dat ik niet lekker in mijn vel steek, dat hebben ze sinds de trip naar Japan wel gemerkt. Carola heeft een paar keer gevraagd hoe het met me ging, maar houdt nu haar mond als ik hen opnieuw achterlaat. Ik ben onbereikbaar voor hen.

Het is 22 mei 2010; Carola, Marhinde en ik trekken er met z'n drieën een dag op uit. We mogen de auto van Flavio lenen. Als we terug zijn, besluit ik de autosleutels langs te brengen op zijn hotelkamer. Hij doet de deur open en laat mij binnen. Er is verder niemand. We kijken elkaar aan. Eén seconde denk ik: wat doe ik hier, ik solliciteer er gewoon naar. Maar de spanning en kriebels die ik nu voel, heb ik minstens anderhalf jaar lang gemist. Het gevoel wint het van het verstand.

We beginnen elkaar hartstochtelijk te zoenen, storten ons op bed en hebben seks. Dit is de oplossing, ik voel weer, maak ik mezelf wijs. Al een tijd ben ik vlak, en ineens voel ik zoveel emoties. Er gebeurt wat met me. Dit is het! Ik leef!

Ik sla de handen voor mijn gezicht. Wat heb ik gedaan… Voor het eerst van mijn leven ben ik vreemdgegaan, ik schaam me de ogen uit m'n kop. Verliefdheid voel ik ook helemaal niet. Ik heb iemand geïdealiseerd. Ik zie Flavio nog wel, we gaan normaal met elkaar om, maar geen moment heb ik de behoefte om nog een keer met hem af te spreken.

Tegen Carola en Marhinde zeg ik niet wat ik heb gedaan. De dagen die volgen ben ik stil en doodmoe. Ik durf niet naar huis. Vier dagen voor mijn dertigste verjaardag kom ik terug. Peter vertel ik niet over de fout die ik heb gemaakt in Brazilië. Ik probeer hem te ontwijken. Waar ik voorheen altijd de schuld bij anderen zocht, is dit gedrag met geen mogelijkheid goed te praten. Peter is een leuke vent, hij is altijd goed voor me geweest. Waarom heb ik dit gedaan, blijf ik tegen mezelf zeggen.

'Hoe gaat het met je?' vraagt Peter een paar keer aan me met een bezorgde blik. 'Goed,' lieg ik, om daarna snel op een ander onderwerp over te gaan.

Dertig. Een leeftijd waarop je je zaakjes op orde moet hebben, wordt vaak beweerd. Peter en Carola organiseren vandaag een groot feest voor me. Ik hijs me in een witte glitterjurk en stap in een speciaal voor mij geregelde limousine, maar het liefst zou ik mijn bed in kruipen.

Ik doe of er niets aan de hand is als ik al mijn vrienden en familie zie. Ik lach en knuffel, dans en zing op de dansvloer. Ik sla meteen een witte wijn achterover om zo snel mogelijk in de stemming te komen en ontloop Peter tijdens het feest.

In de schitterende hotelkamer met jacuzzi in Amersfoort die

Peter voor me heeft geregeld, vraagt hij na afloop: 'Ik herken je niet meer. Wat is er toch met je aan de hand? Ik heb het gevoel dat je niet meer van me houdt.'

Even twijfel ik: vertel ik de waarheid of ga ik ontkennen? 'Ik voel het niet. Ik heb dat gevoel niet alleen bij jou, ik voel het ook niet bij mijn familie, bij het judo en mijn werk. Ik voel helemaal niets.'

Peter vraagt: 'Moeten we dan wel doorgaan?'

'Ik denk het niet,' stamel ik, 'jij verdient veel beter dan wat je nu krijgt en blijkbaar kan ik het je niet geven.'

Zondagmorgen aan de keukentafel vertel ik wat ik Peter 's nachts al heb verteld. 'Ik weet het niet meer, ik ben niet gelukkig. Ik ben helemaal in de war.'

Karen is boos: 'Je kunt wel roepen dat het aan de hele wereld ligt, maar het is verdorie tijd dat jij zelf in de spiegel kijkt.'

Mijn oudste zus slaat de spijker op z'n kop. Bij het afscheid zegt Karen: 'Edith, ik zie dat het niet goed met je gaat. Loop er niet voor weg, neem je tijd.' Suzan en Karen drukken me op het hart dat ik in deze staat geen rigoureuze beslissingen moet nemen.

Twee dagen lang lig ik uitgeteld op bed. Dertig jaar lang heb ik geprobeerd perfect te zijn. De wetenschap dat ik het niet ben, komt hard aan. Peter en ik hebben geen ruzie, hij brengt me geregeld een kopje thee en hij probeert het gesprek met me aan te gaan. Hij wil voor onze relatie vechten. 'Ik wil er voor je zijn,' zegt hij steeds. Ik ben net een zombie, kan niet veel meer uitbrengen dan: 'Ik weet niet wat ik wil en hoe het verder moet; ik weet niets.'

Het advies van mijn zussen neem ik ter harte: ik neem geen overhaast besluit, laat alles eerst bezinken. Behalve mijn familie, beste vrienden en Marjolein weet niemand dat er wat aan de hand is met me. Ik zet mijn masker op als ik de deur uit ga om te trainen of als ik naar mijn werk ga en functioneer ogenschijnlijk normaal.

Eenmaal thuis heb ik het heel zwaar. Ik voel me zo ellendig. Ik ben lusteloos, hang op de bank en pieker me suf. Ik ga er zelf niet uitkomen, maar ik vind het zo moeilijk om hulp te zoeken. Als ik er alleen al aan denk dat ik bij iemand aanklop en moet vertellen dat ik ondanks mijn sportieve successen, goeie baan, mooie huis, lieve vriend en leuke vrienden en familie toch niet gelukkig ben, krijg ik het schaamrood op mijn kaken.

Ik heb weleens begeleiding gekregen van een sportpsycholoog, maar toen ging het om zaken waar ik als judoka tegen aanliep. Oplossingen om stress onder controle te houden, ontspanningsoefeningen: ze hebben mij niet geholpen. Na de Spelen van 2008, toen ik echt merkte dat ik niet in balans was en aangaf hulp op mentaal vlak te gaan zoeken, zorgde dat voor veel weerstand bij Marjolein en Chris.

Maar nu ben ik er zó slecht aan toe; zonder hulp wordt het niet beter. Ik klop aan bij de bedrijfspsycholoog op mijn werk, de NS. Ze hoort me aan, geeft me wat tips die ik al weet. Het is een aardige vrouw, ik kan mijn verhaal kwijt en dat zorgt voor een beetje rust. Maar na een aantal bezoeken stop ik er toch mee. Mijn vertrouwde patroon wordt niet doorbroken, ik zet geen stappen. Het komt vooral doordat de klik met haar er niet is, en daardoor laat ik in onze gesprekken niet het achterste van mijn tong zien.

Ik besluit verdere beslissingen uit te stellen tot na het WK in Tokio in september 2010. Ondanks dat ik slecht in mijn vel zit, heb ik bij alle vier de toernooien die ik dit jaar heb gejudood de finale gehaald. De start met Marjolein als coach is dus goed. Chris helpt me op de achtergrond, en ik kan aankloppen bij Cor.

Bij het WK win ik drie wedstrijden op rij. In de halve finale moet ik het opnemen tegen Anett Mészáros uit Hongarije. Ik verlies nipt, krijg twee strafjes en die geven de doorslag. Ik kom de mat af en het doet me niks dat ik heb verloren. In de strijd om brons neem ik het op tegen Rasa Sraka uit Slovenië. Het komt aan op een golden score. Om een jurybeslissing te voorkomen, zet ik vlak voor het verstrijken van de extra tijd een actie in, maar word overgenomen. Ik krijg een yuko tegen.

Hoofdschuddend loop ik de mat af, maar niet omdat ik heb verloren. Wel om het feit dat zelfs nederlagen niets meer met me doen. In de opwarmruimte stort ik me languit op de bank van de fysiotherapeut. Ik begin heel hard te huilen. Ik heb de drie maanden na mijn verjaardag tegen mezelf gezegd dat het WK het meetpunt is voor me, en nu weet ik definitief dat het echt tijd is voor hulp en rigoureuze beslissingen.

Marjolein slaat een arm om me heen, probeert me te troosten. 'Het gaat echt niet goed met mij. Het is klaar, ik kan dit niet alleen oplossen. Ik heb hulp nodig.'

In 2002 heb ik haar verteld dat ik bij Mark wegging, nu is zij de eerste die ik vertel dat ik na thuiskomst uit Japan de relatie met Peter zal verbreken. Vreselijk dat ik hem moet gaan kwetsen; de hele terugreis ben ik ermee bezig hoe ik dit aan Peter moet gaan vertellen.

'Zullen we een kopje thee drinken?' vraag ik aan Peter als ik thuiskom. Normaal gaan we altijd aan de keukentafel zitten, maar nu kiezen we voor de bank in de woonkamer boven.

Ik vertel Peter dat het niet goed met mij gaat en dat er wat moet veranderen. 'Wat ik moet doen, moet ik alleen doen,' zeg ik met een diepe zucht tegen Peter. Daarna komen de tranen. 'Ik weet dat je me graag wilt helpen, maar je kunt me hier niet mee helpen. Jij bent er altijd voor me geweest, het ligt echt niet aan jou, alleen aan mij.' Het klinkt zo cliché en ik kan ook niet precies uitleggen wat er aan de hand is.

Peter heeft nog een tijd de hoop gehad dat het goed zou komen, maar nu komt de klap opnieuw, net als in de nacht na mijn verjaardag, keihard bij hem aan. Na ruim zes jaar komt er een einde aan onze relatie. 'Hoe moet het verder met het huis en met Mila?' vraagt Peter.

Ik trek niet meteen de deur achter me dicht. We praten, er moet nog veel worden geregeld. Over wat zich in Rio heeft afgespeeld, rep ik met geen woord. Ik worstel er erg mee dat ik een scheve schaats heb gereden, maar het speelt helemaal geen rol in mijn besluit en het heeft geen zin om Peter nog eens extra te kwetsen.

We praten over het huis in Amersfoort. Peter wil daar graag blijven wonen. Hij heeft er zoveel uren in geklust, het is echt zijn droomhuis. We besluiten dat we samen de zorg voor Mila op ons zullen nemen. Ondertussen zoek ik naar een huurwoning in Rotterdam.

We handelen alles heel netjes af, blijven keurig tegen elkaar en geven elkaar de ruimte als dat nodig is. Maar ongemakkelijk is het natuurlijk wel om elke dag met elkaar geconfronteerd te worden. Peter heeft verdriet, maar laat dat in mijn bijzijn niet zien. Ik kan hem ook niet helpen, ben zó de weg kwijt. Op dit moment kan ik weinig empathie opbrengen. Ik ben ook absoluut niet opgelucht nadat ik heb besloten onze relatie te beëindigen. Ik voel niets, ik ben net een koelkast.

Na vier weken heb ik een woning in Rotterdam. Peter staat in de gang met Mila als ik de deur achter me dichttrek.

17

2010

De lifecoach

Het is alsof er voortdurend zware bewolking in mijn hoofd hangt. Hoe krijg ik het voor elkaar dat de zon weer gaat schijnen? Ik kan wel de hele dag in bed gaan liggen, maar dat gaat me zeker niet helpen. Het voelt alsof ik geen controle heb over mijn leven, maar mijn strijdlust ben ik niet verloren. Ik besef dat ik alleen zelf iets aan mijn situatie kan doen. Alleen: hoe ga ik dat doen? Wie kan mij helpen? Ik ben besluiteloos.

Mijn moeder heeft van een vriendin de naam van lifecoach Martijn Smit doorgekregen. Die vriendin had bij Martijn een opleiding Coaching & Leidinggeven gevolgd en was erg enthousiast.

De relatie met mijn ouders is nog altijd niet super. We hebben tijdens het verzoeningsgesprek beterschap beloofd, maar van beide kanten worden dingen verzwegen, omdat we bang zijn de ander pijn te doen. Bij elke ontmoeting met mijn ouders merk ik dat iedereen op zijn of haar tenen loopt.

Mijn moeder weet dat als ik niet goed in mijn vel zit, ik niet snel iets van haar aanneem. Dus heeft ze de naam van Martijn doorgegeven aan Karen. Mijn zus belt me. Nadat ik heb verteld dat ik me nog steeds niet lekker voel, dat ik niet goed weet hoe ik verder moet, begint ze over Martijn. 'Wat is een lifecoach?' vraag ik Karen. Door mijn ervaring met de bedrijfspsycholoog ben ik sceptisch geworden. Karen spoort mij aan hem toch op te zoeken. 'Ga gewoon kijken of het wat is.'

Op 12 oktober 2010 stap ik met lood in mijn schoenen in de trein naar Heiloo voor mijn eerste afspraak met Martijn. Ik heb hem een mail gestuurd met beknopt mijn verhaal en de vraag of ik een afspraak met hem kan maken. We hebben elkaar kort over de telefoon gesproken.

Een man van halverwege de dertig met krullend haar, een kop kleiner dan ik en vriendelijke ogen doet open. 'Hallo Edith, ik ben Martijn,' zegt hij. Wat een rust straalt hij uit. Ik ben verrast, had me de man die mij eventueel zou gaan helpen anders voorgesteld. Als een grote, robuuste vent. Hij komt zo rustig over dat ik er onrustig van word. Maar mijn nieuwsgierigheid is gewekt.

Martijn wijst me waar zijn werkkamer is en loopt achter mij aan naar boven. De ruimte heeft een hoog plafond en ramen die uitkijken op een tuin. Er staat een boekenkast en een grote tafel met stoelen. Gelukkig geen sofa, denk ik.

We gaan aan tafel zitten. Ik krijg een kopje thee. 'Waar kan ik je mee helpen?' vraagt hij. Ik vertel mijn verhaal en geef aan dat ik me heel mat voel. 'Huilen wil ik niet, mijn mentaliteit is: niet lullen maar poetsen.'

Ik ben het meeste aan het woord. 'Ik wil gewoon weer kunnen genieten,' zeg ik. Ik vraag Martijn of hij me kan helpen bij mijn doel om olympisch kampioen te worden in Londen, of hij van mij weer een zelfverzekerde topsporter kan maken. Maar vooropstaat dat ik weer wil kunnen genieten van de normale dingen. 'Ik wil me weer happy voelen,' zeg ik, 'ik ben zo moe van het strijden.'

Martijn kijkt me aan, knikt, stelt op kalme toon vragen, luistert en maakt aantekeningen. Het is even stil als ik lange tijd aan het woord ben geweest. Martijn legt zijn pen neer en kijkt mij aan. 'Ik denk dat ik jou wel kan helpen,' zegt hij.

Ik kan niet wachten om te beginnen. We zullen eens in de drie weken met elkaar afspreken. Martijn legt uit dat ik zelf verantwoordelijk ben voor mijn vooruitgang. Hij zal me uitnodigen om mezelf te onderzoeken en mij, waar nodig, helpen. 'Het traject dat je in gaat vergt de nodige motivatie, lef en energie,' zegt Martijn. Dat kan ik wel, denk ik.

Martijn vervolgt: 'De consequentie van het traject waar je nu aan gaat beginnen, kan zijn dat je straks niet meer aan topsport wilt doen.'

Ik antwoord zonder na te denken: 'Dat vind ik prima, maakt me niet uit.'

De klik is er vanaf het eerste moment, ik heb veel vertrouwen in Martijn en word strijdvaardig van hem. Ik heb weer hoop. Tegelijkertijd vind ik het doodeng wat er allemaal op mij af gaat komen.

Martijn vraagt me om me mijn gewenste situatie in te beelden. 'Wanneer voel je je goed?' vraagt hij. 'Als ik plezier heb en van mezelf uitga. Dan ben ik gelukkig met wat ik doe en met wie ik ben,' antwoord ik.

Ik krijg na het eerste gesprek oefeningen mee naar huis. De eerste opdracht is om mij meerdere keren per dag af te vragen hoe ik mij voel. Goed of slecht? Steeds stel ik mezelf de controlevraag: 'Voel ik me echt goed of maskeer ik een slecht gevoel?' De opdracht is bedoeld om mijn gevoelsbewustzijn meer te ontwikkelen. De tweede opdracht is om mijn eigen gedrag te onderzoeken en herkennen.

Als ik in de trein naar huis zit, denk ik na over mijn gedrag. Hoe bewust ben ik me daar eigenlijk van? Ik heb er niet vaak bij stilgestaan. Mijn overtuiging is: ik ben Edith, ik ben nu eenmaal zo en ik kan daar niets aan veranderen. Take it or leave it.

In de weken die volgen sta ik constant stil bij wat ik voel, de hele dag door, en word ik mij bewust van mijn gedrag. Het is confronterend. Ik kom er al snel achter dat ik een vreselijke houding kan hebben. Ik gedij goed bij drama, dat zoek ik op of creëer ik; ik ben een dramaqueen. En ik kan heel dominant en erg vervelend zijn als dingen niet gaan zoals ik dat verwacht.

Ik ben voornamelijk gericht op de buitenwereld. Ik ben bang om mezelf te laten zien. Wat als ik dat doe en mensen vinden mij niet leuk? Die onzekerheid is er al op jonge leeftijd ingeslopen. De breuk met Merel is een extra bevestiging geweest; daarna ben ik mijn gevoel en emoties nog meer uit gaan schakelen. Weg met de knuffels, weg met het rozewolkjesbehang, ik moest stoer en sterk overkomen.

Tijdens onze tweede sessie bespreken Martijn en ik mijn bevindingen. Hij stelt simpele vragen, die voor mij o zo moeilijk te beantwoorden zijn. 'Wat voelde je?' wil Martijn steeds weten als we het over dingen uit het verleden hebben. Of: 'Waarom deed je dat?' Ja, weet ik veel! Er vallen vaak ongemakkelijke stiltes. Martijn blijft mij aankijken. Soms buig ik me over de tafel naar hem toe en vraag: 'Hallo, ben je daar? Wat wil je nu van me?'

We praten over de relatie met mijn ouders. Ik ben me onbewust af gaan zetten tegen mijn ouders. Ik wilde laten zien dat wat ik aan het doen was, goed genoeg was. Ik snapte gewoon niet dat ze dat niet inzagen, waar ik dan weer van baalde. Echt eens gaan zitten met mijn ouders om dat te bespreken: ik heb het nog nooit gedaan. Het kwam zover dat ik acht maanden lang geen contact heb gehad met mijn vader en moeder, vertel ik. En dat vond ik verschrikkelijk.

De bewustwording gaat niet alleen maar over het nu. We gaan terug in de tijd. Martijn geeft me een vragenlijst met de naam 'Onderzoek Gezin' mee. Er staan veel vragen in die weerstand opwekken. Bijvoorbeeld: 'Gaf jouw moeder je complimenten?' Of: 'Wat zei jouw vader als hij je prees?' Nou, mijn vader gaf nooit complimenten, zei altijd: 'Dat doe je niet goed Edith, je moet het anders doen.'

Een andere vraag luidt: 'Wat waren thuis dingen die not done waren?' Bij ons was dat het tonen van emoties, met name verdriet. Wij waren een doorsneegezin, waar leuke en minder leuke dingen gebeurden, maar huilen ging je niet verder helpen, was de opvatting van zowel mijn vader als mijn moeder. Ik heb mijn moeder ook nooit zien huilen.

Het beantwoorden van die vragen is niet leuk. Daardoor word ik mij steeds bewuster van mijn jeugd. Ik heb vaak gedacht dat ik het niet goed deed en tegen mezelf gezegd dat het beter moest. Ik heb veelal de moeilijkheden onthouden en niet de dingen die ik goed deed. Ik ben keihard geweest voor mezelf en daardoor heb ik veel minder genoten.

In de volgende sessie hebben we het opnieuw over de gezinssituatie. Ik vertel Martijn dat het zo vermoeiend is om steeds maar weer perfect te moeten zijn. Het besef dat ik jarenlang zo veroordelend over mezelf ben geweest, raakt me hard. Ik word emotioneel, maar ik wil niet huilen. Ik praat veel, begin over zaken die er niet toe doen, kijk weg of word boos; allemaal overlevingsstrategieën die ik zo vaak heb toegepast om maar niet mijn onzekerheden en het verdriet dat ik met me meedraag te hoeven tonen. Ik verkramp helemaal, mijn handen bal ik tot vuisten. Martijn laat niet los, blijft doorvragen en laat na elke vraag een oneindig lange stilte vallen.

De stilte wordt onderbroken als Martijn vriendelijk zegt: 'Volgens mij zijn er twee opties, Edith: je laat jouw gevoel en de emoties die daarbij horen toe of je doet dat niet. Het is jouw keuze. Als je besluit om ze níét toe te laten, kan ik je niet verder helpen.'

Ik zit op mijn stoel, kijk naar de grond en laat wat Martijn net heeft gezegd op me inwerken. Ik wil mijn gevoel en emoties graag toelaten, maar ben tegelijkertijd zo bang voor de hevigheid ervan. Ineens gaat het vanzelf. Ik begin te snikken. Martijn zegt niets en ik ook niet. Ik begin steeds harder te huilen, de tranen rollen over mijn wangen en ik schaam me daar erg voor. Ik heb best vaak gehuild, maar dat was altijd door de stress, tegenvallende sportieve prestaties of doordat zaken niet gingen als verwacht. Nooit huilde ik van puur verdriet. Nu doe ik dat wel. En ik kan en wil het niet meer tegenhouden.

Voor het eerst laat ik mijn gevoel toe. Alle angsten die ik daarover had, blijken niet te kloppen. Mijn wereld vergaat niet. Het voelt anders: nieuw, raar, maar ook goed. Voor het eerst denk ik: het is oké om 'fluffy Edith' te zijn. Dat zachte, lieve meisje dat ik sinds mijn jeugd heb weggestopt. Ik laat mijn masker zakken en dat is eng. Ik ben dertig, heb meer dan vijftien jaar een belangrijk deel van wie ik ben weggestopt zonder dat ik het wist.

Ik ben helemaal in de war als ik naar huis ga. Opgelucht omdat ik voor het eerst echt iets voel. Bang omdat Martijn me geholpen heeft dit in mezelf los te maken – maar hoe kan ik dit alleen oproepen? Er komen zoveel twijfels en vraagtekens voor terug. Aan Martijn vraag ik serieus: 'Heb je geen boekje waar tien stappen in staan? Dat als ik die volg, het zeker goed komt?' En het liefst heb ik er ook nog een tijdschema bij, want dat weet ik wanneer ik klaar ben.

Na elke sessie die daarna volgt, gebeurt er van alles met me. Geregeld ga ik met tegenzin naar Martijn. De tranen zijn soms al niet meer te stoppen als hij vraagt: 'Hoe is het met je?' Door elkaar geschud trek ik na een gesprek van twee tot drie uur de deur weer achter me dicht. Het kost me telkens een paar dagen om alles te laten bezinken. Het is ook erg vermoeiend om zo bewust met mezelf bezig te zijn na al die jaren dat ik dat niet heb gedaan.

Op de eettafel heb ik een blocnote liggen. Martijn raadt me aan om situaties op te schrijven die ik volgens mij niet naar eigen tevredenheid heb kunnen oplossen, waarbij ik mijn masker weer heb opgezet. Dat gebeurt vooral als mensen zeggen dat ik iets niet kan of goed doe: dan wil ik per se het tegendeel bewijzen. Als iemand een arrogante houding heeft, word ik ook getriggerd. Zulke situaties schrijf ik meteen op. Net als een gesprek waar ik een rotgevoel aan overhoud. Confronterende situaties op de training of een opmerking van een van mijn vrienden? Meteen pak ik bij thuiskomst mijn pen. Met Martijn diep ik de situaties uit. Op welk gedrag van de ander sloeg ik aan? Wat deed ik vervolgens en hoe voelde dat? Hoe wil en ga ik dat aanpakken?

Ik kom erachter dat als het mij niet lukt om met situaties om te gaan zoals ik eigenlijk wil, ik terugval in mijn oude patroon. Ik vecht of vlucht.

Beetje bij beetje herken ik mijn vier gedragspatronen. Ten eerste ben ik constant bezig me te bewijzen; als iemand zegt dat ik iets niet kan, komt er een intense drang naar boven en wil ik per se het tegendeel laten zien. In de tweede plaats heb ik steeds te hoge verwachtingen van mezelf en van anderen. Als ik niet aan mijn eigen verwachtingen kan voldoen, hoe kunnen andere mensen dat dan? Het gevolg is dat ik altijd teleurgesteld ben. Ten derde accepteer ik mezelf niet helemaal zoals ik ben, evenmin als ik een ander kan aanvaarden zoals hij of zij is. Diep vanbinnen wil ik die lieve, aaibare Edith zijn, maar die laat ik niet toe. En tot slot ben ik vaak voor andere mensen aan het denken.

Dankzij de zelfstudie merk ik hoe ik mijn gevoelens en emoties jarenlang heb weggestopt en hoe vermoeiend het is geweest om het beeld in stand te houden dat ik van mezelf had en dat mensen van mij moesten hebben. Het besef is pijnlijk en verdrietig.

Ik vind het eerst eng om echt in de spiegel te kijken, maar na een halfjaar raak ik eraan gewend. Martijn en ik kunnen ook vaker in een deuk liggen om mijn gedrag. Ik kan steeds beter vol zelfspot naar mezelf kijken. 'Niet zo slim van me, hè?' zeg ik tegen Marjolein als ik me op de training weer eens heb laten gaan.

Ik heb mezelf een opdracht gegeven als ik 's avonds naar een verjaardag ga. 'Ik ga proberen alleen antwoord te geven op vragen die mij worden gesteld en zelf niets te zeggen.' Wat zie ik af! Ik moet voortdurend op mijn tong bijten. Ik kom erachter dat ik altijd erg aan het opscheppen ben, heel veel over mezelf praat en dat ik nooit goed naar anderen heb geluisterd. Als ik thuiskom, zeg ik tegen mezelf: 'Waarom heb ik me niet geïnteresseerd voor anderen? Wat een over het paard getild, zelffingenomen persoon ben ik geweest.'

Ik ben druk bezig mijn gedrag te veranderen en laat steeds meer mijn gevoel toe. Soms denk ik dat ik er ben. Maar een dag later verval ik dan weer in oude patronen. Ga ik me toch weer lopen bewijzen als iemand zegt dat ik iets niet kan. Het is als met een verslaving: als het moeilijk wordt, verval ik snel in mijn oude gedrag.

Mijn familie, vrienden en trainers merken dat ik verander sinds ik met Martijn werk. Met mijn ouders kan ik moeilijk over de sessies praten, dat gaat voor hen te veel over gevoelens en emoties.

Ook Marjolein is argwanend. Ze is bang dat ik te veel zal gaan relativeren, dat mijn scherpte verdwijnt. 'Over minder dan twee jaar zijn de Olympische Spelen in Londen, is het nodig om nu alles overhoop te halen?' vraagt ze. Ze is bang dat ik niet langer dezelfde judoka zal zijn.

Ik snap Marjolein: door dat zo in de spiegel kijken kunnen mijn scherpte en hardheid als judoka verminderen. Maar de wil om aan mezelf te werken is groter en belangrijker dan wat dan ook. Het is een bewuste keuze en ik voel dat dit mij gaat helpen, ongeacht het resultaat.

Marjolein ziet en voelt dat er voor mij geen weg terug is. Ik wil haar graag betrekken bij mijn proces en mijn doelen ten aanzien van het judo. Zo zitten we niet lang daarna met zijn drieën bij Martijn aan tafel. 'Ik ben bezorgd,' zegt mijn judocoach tegen mijn lifecoach. 'Ik weet niet waar jullie mee bezig zijn Het is niet de bedoeling dat jij op mijn stoel gaat zitten. Heb jij wel een totaalbeeld van Edith?'

We maken met z'n drieën duidelijke afspraken. 'Ik zal me alleen richten op de mens Edith,' zegt Martijn. 'Wat wij proberen te bereiken, is dat Edith steeds evenwichtiger wordt.' We spreken af aan de bel te trekken als dingen verkeerd gaan. Ik merk aan Marjolein dat ze opgelucht is na het bezoek en dat vind ik fijn.

Chris is nooit fan geweest van mentale begeleiding, maar houdt zich als het om Martijn gaat afzijdig. Over de geestelijke lenigheid van Marjolein beschikt lang niet iedereen in het judo, merk ik. Al snel lekt uit dat ik werk met een lifecoach. En daar hebben veel mensen een mening over.

Dat wordt duidelijk als ik Martijn meevraag om mee te gaan naar een toernooi. Ik wil dat hij ziet hoe het eraan toegaat in de judowereld, zodat hij kan zien waar mijn uitdagingen liggen. Als Marjolein hem voorstelt aan Cor van de Geest, zegt die: 'Martijn Smit? Nog nooit van gehoord!' Daarna draait hij zich om en beent demonstratief weg. Het is een signaal dat de starre Nederlandse judowereld geen pottenkijkers duldt.

18

2011-2012
Edith 2.0

Voor de halve finale trek ik me terug uit de Grand Slam in Parijs in 2011. Volgens Marjolein en Chris is het verstandig om niet tegen Lucie Décosse uit te komen. Dat is voor het toernooi al afgesproken en daar houd ik me aan. Ik heb sinds het EK in 2009 drie keer tegenover haar gestaan en alle keren heb ik verloren. Décosse haalt het slechtste in mij naar boven. We kennen elkaar eigenlijk niet, knopen geen gesprek aan als we elkaar zien. Maar de overdreven ontspannenheid die ze acteert en de gekke bekken die ze trekt na een wedstrijd vind ik heel irritant. Ze is hard en arrogant. Het is of ik in de spiegel kijk. Tegelijkertijd wil ik niet meer zo zijn.

Mijn coaches vinden het verstandig dat het nu, aan het begin van een lang en belangrijk seizoen, niet tot een confrontatie komt. Ik vecht daarna nog wel gewoon om brons en win. Na afloop denk ik al: dit was niet slim, ik had gewoon tegen Décosse uit moeten komen. Niets voor mij om een tegenstander te ontlopen.

Tijdens een van de sessies bij Martijn heb ik mezelf als judoka al een keer omschreven als überbitch. Ik vertelde dat ik mensen niet laat uitpraten, een grote mond heb en een uitstraling dat niemand me wat maakt. Ik was er trots op. 'Ik moet hard en stoer zijn als judoka, mag geen zwakte tonen. Het is eten of gegeten worden,' hield ik hem voor. Ik vertelde hem ook dat ik eigenlijk nog nooit had genoten van al mijn overwinningen. Na een gouden medaille wist ik meteen de dingen aan te stippen die niet goed gingen, nooit was ik tevreden, altijd wilde ik meer en beter.

Martijns oefeningen die ik in het dagelijks leven gebruik, gelden ook voor de judomat: telkens moet ik mijn gedrag en gevoel analyseren. Op de mat is het nog een grotere uitdaging om niet te vervallen in mijn oude patroon. Topsport is voor mij jarenlang een manier geweest om me te bewijzen. Tijdens de gesprekken met Martijn besef ik dat ik judo ook gewoon hartstikke leuk vind. En dat plezier wil ik ook eens meenemen de mat op, want de laatste jaren is topsport bijna een straf voor me geweest. Altijd die stress en die enorme bewijsdrang. Nooit heb ik genoten van de successen of simpelweg van een mooie worp. Ik judode omdat ik per se de beste van de wereld wilde zijn. Ik wil mijn carrière afmaken op een mooie manier, meer genieten nu het nog kan.

Ik ben aardiger tijdens trainingen. Voorheen waren veel meiden bang voor me en gezellig was het zeker niet met mij. Nu maak ik af en toe een grapje, geef complimenten en probeer Linda Bolder en Kim Polling, de talenten in mijn gewichtsklasse, te helpen.

Ik ben softer, maar als ik de mat op stap is de drive om te winnen nog net zo groot als vroeger. Toch lukt het me daar steeds vaker om ontspannen te zijn. Ik laat me veel minder leiden door het gedrag van mijn tegenstander en judo niet meer voor de mensen op de tribune. Ik judo omdat ik graag wil winnen en niet omdat ik niet wil verliezen.

Bij het EK in Istanbul, in april 2011, bewijs ik dat ik ook op een minder verbeten manier succesvol kan zijn. Ik versla in de halve finale Anett Mészáros, van wie ik een jaar eerder verloor op het WK. En in de finale ben ik veel te sterk voor Cecilia Blanco, die verantwoordelijk is voor de uitschakeling van Décosse. Voor het eerst sinds 2005 pak ik weer een hoofdprijs. Ik geniet volop van mijn derde Europese titel. 'Zo kan het dus ook, had ik dat maar eerder geweten,' zeg ik uitgelaten tegen Marjolein als ik haar omhels.

Mijn coach heeft alle scepsis over mijn samenwerking met Martijn laten varen. De samenwerking met Marjolein wordt ook veel prettiger. Ik ben niet meer zo opstandig en haal veel minder vaak het bloed onder haar nagels vandaan. Marjolein en ik voeren volwassen gesprekken over de beste aanpak. We hebben overleg over alles. De relatie is gelijkwaardig geworden en we lachen veel vaker.

Op 26 augustus 2011 barst Palais Omnisports in Parijs-Bercy uit z'n voegen. Er zitten vijftienduizend enthousiaste, chauvinistische Fransen op de tribune. Na mijn Europese titel wil ik ook bij het wk de mensen kennis laten maken met Edith 2.0. Ik voel minder stress dan voorheen; natuurlijk wil ik graag winnen en ben ik bloedfanatiek, maar dankzij Martijn weet ik dat mijn wereld niet vergaat als dat niet gebeurt.

Ik voel me sterk; desondanks begin ik als zo vaak moeizaam aan het toernooi. Ik heb in mijn eerste partij vijf minuten nodig en in de tweede ronde tegen de Chinese Chen Fei moeten na acht minuten de vlaggen van de drie scheidsrechters eraan te pas komen om mij als winnaar aan te wijzen. Daarna kom ik los en versla ik tegenstanders drie en vier op ippon. In de halve finale versla ik de Cubaanse Onix Cortés Aldama met een yuko verschil. Voor de tweede keer in mijn leven sta ik in de wk-finale en ik heb genoten van de weg naar de eindstrijd. Met een smile kom ik telkens de mat af. Ik vóél weer wat.

In de finale tref ik Décosse. 'Kom maar op,' roep ik strijdbaar. De zaal ontploft als we oplopen, de tribune zit vol Fransen. 'Lucie! Lucie!' klinkt het in koor uit duizenden kelen. Ik heb kippenvel, maar ben er klaar voor. Ik kijk haar aan als we tegenover elkaar op de mat staan. Ze heeft de vlechtjes in haar donkere haar strak samengebonden in een knot.

Als de scheidsrechter de wedstrijd vrijgeeft, barst een orkaan van geluid los. Ik begin goed en pak het initiatief. Het is hard tegen hard. Na iets minder dan een minuut krijgen we allebei een strafje wegens passiviteit. We blijven vechten om de pakking, worpen worden er niet ingezet, tot irritatie van het publiek, dat 'boe!' begint te roepen als ik me losruk met nog iets meer dan tweeënhalve minuut te gaan. Blijkbaar maakt dat indruk op de scheidsrechter, want ik krijg meteen mijn tweede strafje wegens passiviteit. Dit is duidelijk het thuisvoordeel voor Décosse, want zij doet niets anders dan ik. De beslissing wordt met gejuich van de tribune ontvangen. Ik sta achter.

Ik moet meer initiatief gaan nemen, maar door mijn hoofd schiet: 'Denk maar niet dat ik het jou gun dat je voor eigen publiek met een vol punt van me gaat winnen.' Opnieuw haalt Décosse het slechtste in me naar boven. In plaats van door te gaan en vol overgave voor de winst te gaan, zet ik mijn masker op. Met nog anderhalve minuut te gaan, krijg ik opnieuw een strafje als het publiek begint te joelen.

De vijf minuten verlopen zonder dat een van ons een worp inzet. De Fransen juichen als de vijf minuten voorbij zijn en Décosse steekt drie vingers de lucht in als teken dat ze voor de derde keer in haar carrière goud wint bij het wk. Ik heb ten koste van alles een ippon voorkomen, maar in een lelijke finale heb ik tegelijkertijd mezelf de kans op een wereldtitel ontnomen.

Ik huil na afloop van mijn vierde nederlaag tegen Décosse. 'Zo kan ik niet winnen,' jammer ik, 'dit was Frankrijk tegen Edith Bosch. 'Ik weet dat ik op de goede weg ben, op deze manier kan ik haar verslaan. Ik ben blij dat de Olympische Spelen van volgend jaar niet hier in Parijs, maar in Londen zijn.'

Ik heb het nadeel van de twijfel gekregen, maar in mijn achterhoofd weet ik natuurlijk ook dat ik zelf niet vol overgave voor de overwinning ben gegaan vanaf het moment dat ik achter kwam. Ik was ineens weer bezig met het niet willen verliezen en wilde haar absoluut niet het zelfvertrouwen van een ippon in de wk-finale geven, een jaar voor de Spelen. Daar offer ik zelfs een mogelijke wereldtitel voor op.

Na de finale spreek ik Martijn over de telefoon. Met hem kijk ik na terugkomst de finale beeld voor beeld terug. We komen er al snel achter dat Décosse inderdaad het slechtste in mij naar boven bracht, waardoor halverwege de finale de 'oude' Edith opstond. Mijn houding, mijn blik en mijn manier van judoën bewijzen dat. Ik vind het niet leuk, maar ben tegelijkertijd blij met dit 'cadeautje'. De wk-finale was een wijze les, ik neem me voor dat ik het de volgende keer anders ga doen tegen haar.

Ik werk toe naar mijn vierde en waarschijnlijk laatste Olympische Spelen en heb er veel zin in. 'Wil je gelukkig zilver of ongelukkig goud?' vraagt Martijn me op een dag. 'Gelukkig zilver,' antwoord ik meteen, 'maar liever win ik natuurlijk gelukkig goud. Dat kan ook.'

Ik schrik van mijn keuze, moet erom huilen. Voor het eerst spreek ik echt uit dat ik de mens boven de judoka Edith verkies. Ik wil voor geen olympisch goud meer terug naar de Edith die ik was voordat ik aanklopte bij Martijn.

Nadat ik Mila bij Peter heb opgehaald, zit ik thuis op de bank. Ik denk aan de ontwikkeling die ik in korte tijd heb doorgemaakt en ben trots op mezelf.

Mijn gedachten gaan ook terug naar de laatste maanden met Peter. Sinds we uit elkaar zijn is er een gepaste afstand tussen ons. Peter heeft het natuurlijk zwaar gehad met de breuk en ik had in het begin weinig oog voor zijn verdriet. Hij zet zijn gevoelens opzij om te doen wat goed is in het belang van onze hond. We leggen onze schema's naast elkaar en overleggen daar goed over. Maar ik heb me niet gerealiseerd hoe rot het voor hem keer op keer moet zijn dat ik aanbel bij het huis waar we samen hebben gewoond om Mila op te halen.

De gedachten gaan het hele weekend niet uit m'n hoofd. Ik heb veel verdriet om hoe ik het heb aangepakt met Peter. Huilend besluit ik hem op te bellen. 'Ik heb ontzettend veel spijt van wat ik je heb aangedaan, heb er nooit bij stilgestaan hoe het voor jou moet zijn geweest. Ik heb je gewoon laten zitten, terwijl jij er altijd voor me was. Er was geen ruimte voor jou, ik was zo in de war. Je hebt er niets aan, want het komt niet meer goed tussen ons, maar ik wil het wel tegen je zeggen. Ik wil je wel laten weten dat ik van je hou en dat ik dat ook altijd zal blijven doen.' Aan de andere kant van de lijn is het even stil. Ik vertel hem over de sessies met Martijn, wat die me hebben opgeleverd. Ik merk daarna meteen dat Peter minder afstandelijk is.

19

2012-2013

Een gouden afscheid

Pijn in mijn rug, spierpijn; ik ga de laatste tijd eerst even op de rand van mijn bed zitten voordat ik eruit ga. De jaren van topsport beginnen op mijn tweeëndertigste hun tol te eisen. Eerst doe ik een stresscheck, om te zien of ik niet overtraind ben. Ik verzorg mezelf heel goed. 's Ochtends wegen, daarna heel bewust een ontbijt maken, met afgewogen hoeveelheden muesli en kwark. Na de training laat ik me vaak nog masseren. Tussendoor doe ik ook nog de oefeningen die ik van Martijn heb gekregen. En 's avonds lig ik er op tijd in. Een judotraining duurt twee uur, maar ik ben er de hele dag mee bezig.

Minutieus werk ik toe naar Londen. Het worden mijn laatste Spelen, maar ik heb al aangegeven dat het niet mijn laatste toernooi wordt. Dit om de druk bij mezelf wat weg te nemen, anders begint iedereen er steeds over. Aan Mark heb ik gezien wat het met iemand kan doen als naast de druk van de Spelen ook nog eens de wetenschap erbij komt dat je bezig bent met je laatste toernooi.

Iedereen die me dierbaar is, komt naar Londen. Ik krijg voor ik afreis van iedereen die dicht bij me staat lieve briefjes mee. Mijn moeder heeft een versje gemaakt. Ze schrijft dat ik van ver ben gekomen en niet gelukkig ben geweest. Ze heeft dat gezien

en ze is heel trots op me, niet alleen vanwege mijn judopresta-
ties, maar vooral op mij als mens. Ik zit op mijn bed in het
olympisch dorp als ik het lees en begin heel hard te huilen.

Het volgende briefje is van mijn zwager Mathijs. 'Al verlies
je in de eerste ronde, je hebt al goud gewonnen. Je hebt zoveel
overwonnen, bent zo'n mooi mens. Je was het al, maar nu heb
je het zelf ook ontdekt.' Opnieuw rollen de tranen over mijn
wangen. Elk briefje lees ik, telkens voel ik ontroering en geluk.

Olympisch goud is het enige dat nog ontbreekt op mijn pal-
mares; toch gaat het me daar in Londen niet in de eerste plaats
om. 'Is jouw judocarrière mislukt als je snel verliest?' vroeg
Martijn me voor vertrek. Ik schudde van niet. 'Om gelukkig te
zijn heb ik geen medailles meer nodig.' Ik ben er ook om te genieten van de Spelen met de mensen die me liefhebben, het
maakt dat ik me veel vrijer voel dan bij mijn drie eerdere olympische deelnames.

Met Martijn bel ik even in de aanloop naar mijn wedstrijddag en af en toe sturen we elkaar een sms'je. 'Ik heb er zin in,'
laat ik hem weten een dag voordat ik aan de bak mag. Ik ben relaxed. Drie maanden voor de Spelen heb ik in het Russische
Tsjeljabinsk voor de vierde keer de Europese titel veroverd, alle
mogelijke tegenstanders heb ik vooraf geanalyseerd en ik heb
uitgebreid met Marjolein, Chris en Cor gesproken; met mijn
vorm en voorbereiding zit het goed. Ik schiet niet in de stress
als ik mijn loting hoor. In de eerste ronde ben ik vrijgeloot en in
de tweede ronde zal ik waarschijnlijk tegen de Britse Sally Conway moeten. Ik reageer niet geprikkeld, alleen al als mensen me
succes wensen, zoals voorheen, maar bedank hen vriendelijk.

Natuurlijk ben ik zenuwachtig als ik op 1 augustus om zes
uur 's ochtends wakker word. Als ik in de spiegel kijk, zie ik niet
dat asgrauwe gezicht dat ik bij mijn voorgaande drie Spelen zag
op de wedstrijddag. Ik heb ook gewoon geslapen en Marjolein
kan ook voor en na de weging nog een grapje met me maken.

De tribunes zitten vol als ik moet aantreden tegen Sally Conway. Voor het eerst hoeven we niet in een donkere gang of onder de tribunes te wachten tot we aan de beurt zijn, maar staan we klaar in de hal. Ik kijk om me heen, krijg kippenvel als ik al die mensen op de tribune zie zitten. Mijn familie en vrienden zitten er ook tussen, maar waar precies, wil ik niet weten. Wat ben ik er trots op hoe ik hier sta: ik heb er zin in en ben niet bezig met het resultaat. Ik zucht diep en denk dan: *bring it on!*

Van Conway win ik gemakkelijk, met een waza-ari verschil stap ik na vijf minuten de mat af. 'Goed gedaan, Bosch!' roept Marjolein als ik de mat af kom, en ze geeft me een tikje tussen mijn schouderbladen.

Mijn volgende tegenstander is Kerstin Thiele uit Duitsland. Op haar heb ik me niet voorbereid, via een wildcard is ze op het laatste moment toegelaten tot de Spelen. Ik begin goed, grijp het initiatief. Na iets meer dan een minuut stap ik naar voren om aan te vallen. Ik ga ervoor, maar mijn tegenstander verrast mij met een tegenaanval en haakt mijn been. Ik val om. Ik krijg een waza-ari tegen. Ik schrik, maar denk meteen: ik heb nog bijna vier minuten om deze achterstand goed te maken. Tijdens de Spelen van 2004 is dat me ook gelukt tegen Blanco, houd ik mezelf voor.

Ik ga vol in de aanval, maar telkens slaat Thiele mijn aanval af. Wat is ze taai. Ik geef alles, Marjolein schreeuwt zich schor, maar ik kom niet bij Thiele in de buurt. De tijd tikt weg. Ik sla mijn handen voor m'n ogen. Stom, ik had die worp niet in moeten zetten, haar gewoon moeten slopen, doen waar ik goed in ben, weet ik meteen. Van mijn leven zal ik nooit olympisch kampioen worden, schiet even door mijn hoofd. Ik ben aangeslagen als ik de mat af stap, Marjolein zegt niets. Met mijn ogen op de grond gericht en de handen in m'n zij loop ik terug naar de opwarmruimte.

Als ik daar ben aangekomen, trek ik me terug in een hokje

van drie bij drie meter met daarin een fysiobank. De ruimte heeft meer weg van een washok. Ik ga zitten en meteen begin ik te huilen. Cor komt de ruimte binnen, hij is in paniek. Het gaat nog niet goed bij de Nederlandse judoka's en mijn uitschakeling in de kwartfinale is een fikse tegenvaller, dat straalt ook af op Cor als technisch directeur van de bond. 'Hoe kan dat nou,' roept hij hoofdschuddend, terwijl hij met zijn hand over zijn grijze baard wrijft, 'we hebben verdomme nog steeds geen medaille. Het moet nú gebeuren Edith.'

Marjolein zegt nog steeds niet veel, ook voor haar is dit een bittere pil, maar ze stuurt Cor gelukkig weg. Tegen haar zeg ik huilend: 'Haal Elisabeth alsjeblieft.' Zij is altijd zo rustig, kan me als geen ander rustig krijgen. Ik heb nu even geen Marjolein, Chris of Cor nodig. Niet veel later komt Elisabeth het kamertje binnen. Ze komt naast me zitten, aait me over m'n rug en praat rustig op me in. 'Je gaat gewoon doen wat je goed kunt, en dat is knokken. Dan pak je zeker een medaille.'

Elisabeth weet me weer op de rails te krijgen. Oké, het wordt geen goud, maar hoe mooi is het om op drie achtereenvolgende Spelen een medaille te pakken?

In de herkansing moet ik het opnemen tegen Haruka Tachimoto uit Japan, de nieuwe Japanse troef in mijn klasse. Ueno is na de Spelen van 2008 gestopt. Tachimoto staat net als ik linksvoor en daar heb ik altijd moeite mee. Ik knok zo hard als ik kan, mijn tegenstander krijgt twee strafjes. Ik win.

Nog één wedstrijd te gaan, de strijd om brons. Daarin moet ik tegen de Zuid-Koreaanse Hwang Ye-Seul; ook zij is links. Ik geef alles, maar kom er niet doorheen. Zij is aan het verdedigen, maar weet een van mijn aanvallen over te nemen en een yuko te scoren. Ik sta achter. Ik schrik, voor mijn gevoel moet de partij nog twee minuten duren, maar op de klok staat dat er nog twaalf seconden te gaan zijn. Ik moet wat doen, maakt niet uit wat. Ik zet vol overgave een worp in die ik nog nooit heb uitgevoerd in een wedstrijd, met het grote risico overgenomen te worden. Alles of niets. De angst voorbij. Ik maak met nog twee tellen te gaan een yuko. We staan gelijk. In de verlenging ga ik door met wat ik de hele partij al doe: aanvallen. Hwang pareert alleen maar. Als ook haar coach nog wordt weggestuurd wegens aanmerkingen op de wedstrijdleiding, weet ik dat het niet meer mis kan gaan. De scheidsrechters moeten als ook de extra tijd erop zit een beslissing nemen. Alle drie wijzen ze mij aan als winnaar.

De ontlading is enorm, ik schreeuw, bal mijn vuisten en spring in Marjoleins armen. Ik klim de tribune op als ik mijn zus Karen en mijn zwager Mathijs zie staan. Ook mijn beste vriend Jan Willem is er.

Het is zo speciaal dat mijn familie erbij is. Karen was er al bij in 2008, maar voor Suzan en mijn ouders is dit nieuw. De wedstrijddag was voor mijn moeder en zus een bevalling, krijg ik te horen. Suzan was zo gestrest dat ze vannacht is gaan slaapwandelen en op het dak van hun hotel heeft gestaan. Mijn moeder heeft de hele dag zitten ratelen als een kip zonder kop van de spanning, heeft iets gekregen om rustiger te worden. Mijn vader heeft niets laten merken, maar ook hij is vanbinnen kapotgegaan van de zenuwen. Ik heb het niet gehoord, maar hij zal vast heel vaak 'pakking' hebben geschreeuwd. Dat deed hij vroeger ook altijd als hij op de tribune zat. Niet dat ik daar wat aan had, maar mijn vader kon dan tenminste zijn adrenaline kwijt.

Tijdens de medailleceremonie zie ik pas wie er heeft gewonnen. Thiele, van wie ik verloor, heeft zilver gepakt en het goud is voor Décosse. Met de medaille om mijn nek feliciteer en knuffel ik mijn grote rivaal. Ik geniet en denk geen moment: ik had eigenlijk tegen jou in de finale moeten staan.

Na afloop gaan we met z'n allen naar het Holland Heineken House, dat is ondergebracht in Alexandra Palace aan de andere kant van de stad. Daar zie ik Mark, die daar tijdens de Spelen werkzaam is als host. Voordat ik me voor de derde keer in mijn leven door een oranje menigte mag laten toezingen en toejuichen, zitten we met z'n tweeën even rustig op een bank. Ik kijk hem aan en lach. 'Hier zitten bij elkaar toch mooi zes olympische medailles op de bank,' zegt Mark. Ik knik, zeg lachend: 'Wat zijn we goed, hè?' Mark lacht en zegt: 'Ja, we zijn heel goed.'

De huldiging is fantastisch. Ik word door Humberto Tan aangekondigd, loop over een grote trap naar beneden, terwijl opzwepende muziek door de zaal dreunt. Duizenden mensen klappen mee. Ik dans, juich en geniet. Mark spreekt mij toe en ook Marjolein wordt op het podium geroepen. Na de huldiging ga ik de zaal in, waar ik met heel mijn familie, al mijn vrienden en heel veel Nederlandse supporters de avond van mijn leven beleef.

Na mijn wedstrijden word ik als medaillewinnaar gevraagd om op 5 augustus met relaties van NOC*NSF te gaan kijken naar het atletiek, de dag van de olympische finale op de 100 meter. Het stadion zit bomvol voor het hoogtepunt van de Spelen. En ik ben een van de gelukkigen met een toegangskaartje en voel mij vreselijk bevoorrecht. We hebben geweldige plaatsen, zitten ter hoogte van de start en op de derde rij van onderen. Ik kan straks Usain Bolt bijna aanraken.

Ik voel me een klein kind in een snoepwinkel, neem foto's, stuur tweets. De 100 meter begint bijna, de atleten staan al op de baan en bereiden zich voor mijn neus voor op wat komen gaat. Ik kijk er met grote ogen naar.

Ineens passeert een man met een blauw voetbalshirt, spijkerbroek, donkere zonnebril en kort haar me. In zijn hand heeft hij een plastic bierflesje. Hij loopt naar de balustrade en begint naar de sprinters te schreeuwen in het Engels. Hij is overduidelijk dronken, scheldt ze uit voor dopinggebruikers. '*Arrogant prick!*' roept hij naar Bolt.

Waar zijn de beveiligers? Straks stapt die gek nog de baan op. Eindelijk komt er iemand aan die hem sommeert op de tribune te gaan zitten. 'Ik vertrouw hem niet,' zeg ik tegen mijn buurman.

De sprinters worden voorgesteld. De dronken Engelsman komt over de trap op me af. Als hij bij me in de buurt is, blijft hij staan. Hij draait zich om en kijkt naar de atleten. Getver, moet hij nou net naast mij gaan staan, denk ik. Ik kijk hem even geïrriteerd aan. Dan richt ik me weer op de sprinters. Ze zitten al op hun knieën. Over een paar tellen begint de finale van de 100 meter. Misschien wel een miljard mensen kijken over de hele wereld toe en ik zit op een paar meter afstand.

Het startschot klinkt, het stadion ontploft, duizenden fototoestellen flitsen op de tribunes. Op hetzelfde moment zie ik iets voorbijvliegen. Een seconde later zie ik het plastic bierflesje op de baan stuiteren, vlak achter Bolt. Het lijkt wel of het in slow motion gebeurt. Ik kijk meteen opzij. '*What the fuck are you doing! Are you crazy?*' schreeuw ik tegen de man naast me. Ik geef hem een keiharde duw. Meteen komen er beveiligers aan, die hem vastgrijpen en hardhandig afvoeren.

Tegelijkertijd hoor ik het hele stadion joelen. Ik kijk naar de baan en zie op het grote scherm Usain Bolt feestvieren. Ik heb de finale gemist! Wat had ik me erop verheugd en wat ben ik kwaad.

Om elf uur 's avonds, als we het stadion verlaten, gooi ik er een tweet uit in het Nederlands en Engels. 'Een dronken gast voor mij gooit een flesje op de baan!! Ik heb hem geslagen... Ongelofelijk! #boos #respectloos,' tik ik. Gevolgd door: 'Gvd... Heb ik ook de 100 m gemist!!! Wat een piep!! #grrrrr.' Daarna doe ik mijn telefoon weg.

De volgende ochtend kijk ik er pas weer op. Mijn tweets over de 100 meter zijn meer dan drieduizend keer gedeeld, terwijl ik zelf vijfentwintighonderd volgers heb op Twitter. Ik zie ook een heleboel gemiste oproepen, waaronder acht van nummers met landcodes die ik niet ken. Ik heb geen zin om de nummers terug te bellen, ben nog steeds geïrriteerd. Bovendien ben ik brak en heb ik een rauwe stem van het feestvieren van de afgelopen dagen.

Ik ga mijn appartement uit om naar de grote ontbijtzaal in het olympisch dorp te gaan. Als ik bij de lift sta te wachten, krijg ik de eerste opmerkingen. Wat er is gebeurd is als een lopend vuurtje rondgegaan, begrijp ik. 'Hier moet je wel wat mee doen,' krijg ik als advies van de persman van de zwembond. 'Dacht het niet,' zeg ik.

Als ik de ontbijtruimte betreed, komt John van Vliet, de perschef van het Nederlands Olympisch Team op een drafje op me af. 'Edith, dit moet je niet onderschatten, media van over de hele wereld willen je spreken,' zegt hij, 'je kunt twee dingen doen: je zegt niets en dan gaat het een eigen leven leiden, of je geeft een verklaring. Ik denk dat je echt één keer de pers te woord moet staan, daarna ben je ervan af.'

Ik begrijp dat zelfs Usain Bolt in de persconferentie na zijn gewonnen race over het incident heeft gesproken. En Sebastian Coe, de Britse oud-atleet en voorzitter van het organisatiecomité van de Spelen, heeft gezegd dat hij het mooi vond dat 'die man uitgerekend naast een judoka zat'. Ik stem in met het geven van een verklaring. Vooraf overleg ik met John en Cor van der Geest wat ik wel en wat ik niet moet zeggen. Ik mag niet zeggen dat de man dronken was en moet niet zeggen dat ik hem heb geslagen, zoals ik in mijn tweet had vermeld, maar dat ik hem heb geduwd, wat trouwens ook de waarheid is. John vertelt dat ik vervolgd kan worden als ik zeg dat ik hem een klap heb gegeven.

Ik vind alle commotie nergens op slaan, maar loop mee met John en Cor naar een plek buiten het olympisch dorp, waar John heeft afgesproken met de media. Daarna zal ik mijn verhaal nog doen bij CNN. Als ik door het hek loop, zie ik een hele groep mensen in beweging komen met camera's. Cor is in z'n element, vindt dit soort dingen prachtig. Ik ga achter een dranghek staan en tal van cameraploegen en journalisten met opnameapparaten, microfoons en kladblokken staan te dringen voor mijn neus. Ik ben wereldnieuws, het moet niet gekker worden. Na een judoprestatie heb ik nog nooit zoveel verslaggevers voor mijn neus gehad. Rustig vertel ik het verhaal dat we vooraf hebben afgestemd. Nadat ik bij CNN ben geweest, geef ik ook nog een verklaring af bij de politie. Voor mijn gevoel is het allemaal wat overdreven. Ik denk alleen maar: waarom schrijven jullie niet over de sport en de prestaties?

Nadat mijn verklaring door allerlei nieuwssites, kranten en tv-zenders is overgenomen, krijg ik heel veel reacties. Heel veel positieve, maar ook tal van negatieve. Die komen vooral uit Engeland. Ik ben een trut dat ik iemand heb geduwd, moet worden vervolgd, volgens sommigen. De rest van de Spelen word ik nog dagelijks erover aangesproken.

Terug in Nederland wordt het tijdens de huldigingen met de olympische ploeg ook steeds opgerakeld. Ik word binnengehaald als heldin en voel me er ongemakkelijk bij. Als ik niet lang daarna met mijn zus naar Lowlands ga, begint een jongen er na een lange nacht van feesten ook over. En ineens is het opnieuw *the talk of the town*.

Er is nog even sprake van dat ik voor de rechtszaak naar Londen moet. Dat hoeft gelukkig niet. Ik krijg begin 2013 mee dat de man ervan afkomt met een taakstraf van acht weken.

Op de ochtend na de 100 meter heb ik ook een interview gehad met Mark Misérus van *de Volkskrant*. Voor het eerst vertelde ik over de strijd die ik de afgelopen anderhalf jaar heb gevoerd. Ik heb lang getwijfeld of ik daarover open moest zijn. Nadat ik het heb gedaan, krijg ik veel positieve reacties.

Maar mijn sessies met Martijn zitten er nog niet op na de Spelen, ik blijf aan mezelf werken. Daar heb ik genoeg tijd voor, want ik heb het judo een paar maanden geparkeerd. Ik wil tijd hebben om leuke dingen te doen en om erover na te denken hoe ik afscheid ga nemen van de topsport.

Pas in februari pak ik de training weer op. In mijn achterhoofd zit dat ik eind augustus afscheid wil nemen bij het WK in Rio de Janeiro. In maart gaan we op trainingskamp naar São Paulo, waar ik merk dat ik het trainen nog leuk vind en dat ik fysiek nog makkelijk mee kan, maar dat ik het mentaal moeilijk vind om het regime van eten, trainen, slapen weer op te pakken. Ik wil dit niet meer, weet ik na een paar dagen. Zelfs niet tot en met augustus.

De EK in Boedapest komen eraan en ik stap op Marjolein af. 'Het is tijd voor wat anders,' zeg ik haar. Ze weet meteen wat ik bedoel. 'Ik vind het nog leuk, kan nog hard trainen. Maar dit leven wil ik niet meer, het is tijd voor nieuwe prikkels.'

Marjolein respecteert mijn besluit en we spreken meteen het scenario van mijn afscheid door. Ik begin over het EK. In 2012 heb ik daar goud gewonnen, mooier kan het dus niet. Gezien mijn status maak ik aanspraak op een van de twee Nederlandse tickets voor mijn gewichtsklasse, maar ik wil Kim Polling en Linda Bolder, die goed bezig zijn, helemaal niet in de weg zitten. En in een concurrentiestrijd heb ik al helemaal geen zin.

Maar het lijkt me wél leuk om mee te doen aan de EK-landenwedstrijd, die op de laatste dag van het EK wordt gehouden. Een mooiere manier om afscheid te nemen kan ik me niet indenken. Marjolein is meteen enthousiast. Ik wil graag meedoen met een team dat bestaat uit judoka's van de oude en de nieuwe garde. Alle meiden vinden het heel leuk om mee te doen. Sanne Verhagen, Birgit Ente, Sjuul Franssen, Anicka van Emden, Linda Bolder, Kim Polling, Marhinde Verkerk, Carola Uilenhoed en Carla Grol doen mee. Elisabeth vraag ik ook nog, zij is na de Spelen gestopt, maar kan helaas niet.

Na het trainingskamp in Brazilië maak ik officieel bekend dat het EK mijn laatste toernooi wordt. Dat is nog wel een stap voor me, want nu is er geen weg meer terug.

In Boedapest zit ik op de tribune als regerend Europees kampioen. Kim en Linda halen de finale, Kim wint en ik vind het geweldig. Het is de symbolische wisseling van de wacht.

25 april 2013: de laatste dag van mijn judocarrière is aangebroken. Carla Grol haalt me op voor het ontbijt. De andere meiden zijn er nog niet, we zijn wel héél vroeg. Ineens hoor ik gejoel. Ze overvallen me met maskers van mij op, komen zingend en springend de ontbijtzaal binnen. De meiden hebben mijn kamer en de gang versierd met ballonnen en slingers. 'Pensioen! Geniet ervan,' lees ik.

We winnen in de eerste ronde van Hongarije met 5-0. Daarna verlies ik van een Russin, maar we winnen toch eenvoudig met 4-1. We gaan naar de finale en daarin is Frankrijk de tegenstander. Op papier zijn de Fransen favoriet: zij hebben drie regerende Europees kampioenen in de ploeg.

De tranen komen voor mijn allerlaatste partij meerdere keren omhoog, zoals ik de hele dag al heel emotioneel ben. Voor de laatste keer tape ik mijn vingers. Tranen. Voor de laatste keer trek ik mijn judopak aan; opnieuw huil ik. Daarna voor het allerlaatst de warming-up. Marjolein roept ons bij elkaar. 'We gaan het doen. *Bitch fight! Go!*' schreeuwt ze.

We staan 2-1 voor als ik voor het laatst de mat op moet. Als ik win, pakken we de titel. Ik zucht diep. Tegenover me staat Fanny Estelle Posvite, een donker meisje dat de vlechtjes heeft samengebonden in een knot op haar achterhoofd.

We krijgen allebei drie strafjes in de reguliere tijd. Ik zet nog een paar worpen in, maar zij weet zich telkens nog net op haar buik te draaien. Al mijn zintuigen staan open. Ik hoor Marjolein en de meiden langs de kant schreeuwen. Ik wil zo graag mijn allerlaatste wedstrijd winnen en de finale beslissen. Ik vecht voor wat ik waard ben. Na anderhalve minuut in de verlenging onderbreekt de scheidsrechter de wedstrijd. Hij wijst naar mijn tegenstander, ze krijgt een strafje. Ik kijk meteen naar Marjolein en de meiden, steek een vinger op, roep heel hard: 'Yes!' Ik heb gewonnen op de voor mij karakteristieke manier: door te blijven vechten. We zijn Europees kampioen.

Heel rustig doe ik voor de allerlaatste keer mijn band en mijn pak goed. Daarna is het feest. Met tranen in mijn ogen spreek ik de meiden toe. 'Ik vind het zo mooi dat jullie dit voor mij hebben gedaan en dat wij samen gewonnen hebben. Ik ben onwijs blij en trots. Een mooier afscheid kan ik me niet wensen.'

De meiden omhelzen me. Het is goed geweest, voel ik meteen. Op Schiphol gooi ik het spuuglelijke zwart met oranje trainingspak dat ik altijd zo heb verfoeid in de vuilnisbak.

20

2013

Expeditie Robinson

Ondanks dat ik zeker weet dat het tijd is voor iets nieuws blijft het een raar idee dat ik na vijfentwintig jaar gestopt ben met judo. Mijn leven zal drastisch veranderen en ik heb nog geen idee wat mij te wachten staat.

Topsporters lopen vaak tegen moeilijkheden aan als ze gestopt zijn. Het gebrek aan structuur en houvast breekt je op, je raakt je identiteit als sporter kwijt. Ik besef dat het zwarte gat bestaat en ben er niet bang voor, al vind ik het belangrijk om bezig te blijven.

Van Unilever heb ik een beurs aangeboden gekregen om een masterstudie te volgen aan het Johan Cruyff Institute. Daarnaast volg ik een opleiding tot coach bij de HSA. Nog voor mijn laatste wedstrijd, heb ik een uitnodiging gekregen om mee te doen aan het tv-programma *Expeditie Robinson*, en daar heb ik meteen 'ja' op gezegd. Wat een eer; er wonen zestien miljoen mensen in Nederland en er mogen er slecht zestien meedoen aan het programma.

Ik ben al jaren een trouwe kijker. De proeven en ook de *mind games* in het programma hebben mij altijd een uitdaging geleken. Ik zal maximaal tweeëndertig dagen op een eiland zitten en de kans is groot dat ik flink zal afvallen. Nou, ik weet wel een beetje wat honger lijden is. Ik zal spiermassa verliezen en dat vind ik alleen maar mooi; ik zie het als een *total body and mind reset*.

De Expeditie maakt de keuze om te stoppen met judo nóg definitiever. Als ik lang genoeg op het eiland blijf, is een comeback in het judo uitgesloten. De spiermassa die ik verlies, is nooit meer aan te trainen in korte tijd.

Het geld is ook lekker. Mocht ik de Expeditie winnen, dan wacht er een bedrag van vijftigduizend euro.

'Het is niet te voorspellen wat het met je doet als je honger hebt, verstoken bent van familie en van elke vorm van luxe, als je volledig op jezelf bent aangewezen,' houden de mensen van producent Strix me voor tijdens het kennismakingsgesprek. Ook geven ze aan dat het hoe dan ook een ervaring gaat worden die ik mijn leven lang niet ga vergeten.

'Er zullen veel mensen een mening over je krijgen, op social media zul je het nodige over je heen krijgen.' Daar heb ik al ervaring mee gehad na het flesjesincident op de Spelen, denk ik. Ik zie dit juist als een kans om de mens achter de keiharde topsporter te laten zien: dit is Edith.

Het wordt heel zwaar, maar het dringende advies is om, hoe zwaar ook, niet op te geven. De ervaring leert dat veel deelnemers die zelf zijn opgestapt daar spijt van hebben gekregen. Opgeven? Ik? Daar kan ik mij geen enkele voorstelling bij maken. Tegelijkertijd weet ik dat het voor mij heel confronterend kan worden. Op het eiland zal er alle tijd zijn om mijn hele leven de revue te laten passeren. Ik heb keihard aan mezelf gewerkt, maar hoe ga ik om met de pijn uit het verleden als die daar door de honger uitvergroot weer naar boven komt? Ik heb geen idee, maar zie het als een mooie kans. Wie weet wat voor mooie inzichten ik nog krijg.

Op Schiphol druppelen de deelnemers binnen in een speciale lounge. Ik heb geen idee wie het zullen zijn, dat hebben ze tot op het laatst geheimgehouden. Presentatrices Geraldine Kemper en Veronica van Hoogdalem, acteurs Géza Weisz, Kees Boot en Everon Jackson Hooi. Presentator Jan Versteegh. Actrice Sanne Vogel. Rappers Sef en Negativ. Danseres Anna-Alicia Sklias, Modellen Valentijn de Hingh en Zimra Geurts. En modeontwerper Hans Ubbink.

Ik tel er veertien. Normaal doen er toch altijd zestien mee? En waar is die andere topsporter, er doen er toch elk seizoen twee mee? Help!

Alle kandidaten begroeten elkaar alsof ze heel goede vrienden zijn. Ik heb alleen Geraldine een keer ontmoet, van sommigen doet de naam niet eens een belletje bij me rinkelen. Sanne Vogel? Negativ? Nu ik de andere deelnemers zo amicaal met elkaar zie omgaan, bekruipt mij een onzeker gevoel. Ik zit als enige topsporter tussen allemaal gelijkgestemden, denk ik. Ik val ook meteen buiten de boot om hoe ik eruitzie. Ik ben lang en gespierd en ben niet zo erg met uiterlijk bezig als sommigen van deze tv-persoonlijkheden.

De profileringsdrang in de lounge is meteen *sky high*. De slechtste teksten vliegen door de lucht. Ik hoor een van de meiden zeggen dat ze het liefst een tandenborstel of scheermesje mee zou willen smokkelen op plekken waar het niet hoort… Grappig bedoeld natuurlijk, maar ik houd mijn hart vast. Waar gaat dit heen? Vroeger had ik in zo'n situatie ook door de ruimte gestuiterd. Zeker weten dat ik heel erg was gaan opscheppen om mijn onzekerheid te maskeren.

Ik ga in een hoekje zitten, zeg tegen mezelf: 'Rustig Edith, dit is niet hoe ze in het echt zijn, zij zijn vast ook onzeker.' Kees Boot, die ik van gezicht ken door de tv-commercials en films waarin hij speelt, komt naast me zitten. We kijken elkaar aan en hij zegt wat ik ook denk: 'Wat moet dit worden?'

Mijn adem stokt als ik hem zie staan. Jarenlang bepaalde hij mijn leven en ik was zo blij dat ik hem niet meer hoefde te zien. Nu is hij daar ineens weer. Deze confrontatie is het laatste waar ik over heb nagedacht, hier op een resort in Maleisië. Op de grond staat een weegschaal. En dan ook nog zo'n huis-tuin-en-keuken-kreng met wijzer, en die is verre van nauwkeurig. Een sporter die haar hele leven met haar gewicht bezig is geweest, krijg je daar dus echt niet op. Om situaties als deze te voorkomen, sleepten wij altijd een digitale weegschaal mee de wereld over.

Voor de Expeditie begint, moeten we nog een laatste *health check* ondergaan. Dokter Jacob wil dat ik op dat ding ga staan. 'Ik heb me voor vertrek nog gewogen, je mag 73,8 kilo op dat papiertje zetten,' zeg ik.

'En toch wil ik dat je op de weegschaal gaat staan,' zegt dokter Jacob onvermurwbaar.

'Kom op, dit is maar *Expeditie Robinson*,' sputter ik. Ik som alle excuses op die ik als judoka ook altijd had als ik bij mijn sportarts op controle was. 'Ik heb net gegeten, ben nog niet naar de wc geweest en ik heb mijn kleren nog aan. En ik houd vocht vast door de urenlange vlucht. Bovendien is een mens 's avonds zwaarder dan 's ochtends.'

Dokter Jacob haalt z'n schouders op. In de hoek van de ruimte zie ik een ballenbak, zo eentje als in de IKEA. Ik zou me er het liefst in willen verstoppen. Ik raak geïrriteerd: hij weet niet welke rol de weegschaal de afgelopen twintig jaar in mijn leven heeft gespeeld. Twee tot zes keer per dag stond ik op de weegschaal. Alles draaide continu om mijn gewicht. Als toernooien erop zaten en ik heel even niet de calorieën hoefde te tellen, stond er geen maat op. Een pak stroopwafels? Voor het einde van de dag had ik alles opgegeten. Omdat bij mij altijd de rem op eten heeft gezeten.

Vier weken geleden heb ik een streep onder mijn judocarrière gezet. Ik hoef me niet schuldig te voelen als ik iets zwaarder weeg, maar dat doe ik dus wel. Voor mijn deelname aan *Expeditie Robinson* heb ik veel gegeten, omdat ik weet dat ik weinig te eten zal krijgen op het eiland. Dat ik zwaarder ben, wil ik niet bevestigd zien. Nooit woog ik meer dan 74 kilo, maar ik voel aan alles dat ik weleens over dat getal heen kan gaan.

Ik zucht diep en ga toch maar op de weegschaal staan. Ik houd mijn adem in. Alsof dat helpt… Zuster Jenny, die zich tot nu toe afzijdig heeft gehouden, meldt zich; 76 kilo,' zegt ze. Voor mijn gevoel roept ze het door een megafoon. Ik voel me een Russische Olga met een snor die net haar laatste anabolenkuur heeft gepakt. Wat er verder nog wordt besproken, dringt niet tot me door. Ik wil zo snel mogelijk deze kamer uit.

Door het judo heb ik me vaak minder mooi gevoeld. Ik had spierballen en een brede nek; niet erg vrouwelijk, maar functioneel voor mijn sport. 'Hé Edith, wat zie je er beestachtig uit,' kreeg ik geregeld te horen van vriendinnen en collega's. Ik lachte er vaak om, maar vanbinnen dacht ik: ik wíl er helemaal niet angstaanjagend uitzien. Maar ja, ik wilde tegelijkertijd de beste van de wereld worden. Dan maar minder mooi; dat komt wel als ik ben gestopt, hield ik mezelf jarenlang voor.

Ik zit te huilen op een hotelkamer in Maleisië. Het eten dat op mijn kamer wordt gebracht, raak ik niet aan. Het judo heeft veel diepere sporen nagelaten dan ik had kunnen bedenken. Zal ik ooit normaal kunnen genieten van eten zonder me schuldig te voelen? En straks moet ik in mijn bikini rond gaan lopen. Waarom doe ik hier in vredesnaam aan mee?

Een nachtje slapen doet wonderen. Het rotgevoel van na de weging is weg. Vandaag begint de Expeditie echt, we worden straks naar het eiland gebracht. De kriebels voel ik in mijn buik.

In het vliegtuig ben ik iedereen langsgegaan om een praatje te maken. Die gesprekjes gebruikte ik ook om de concurrentie in kaart te brengen. Bij het ontbijt en tijdens het afreizen met de boot naar het eiland kijk ik nogmaals goed naar al mijn 'tegenstanders'. Alle vrouwen moet ik makkelijk kunnen hebben. Geestelijk, maar zeker fysiek. Ik denk ook dat ik goed mee moet kunnen komen met de meeste mannen. Kees? Geen probleem: te dik. Hans? Kan ik ook hebben: te oud. Ik ga iedereen af, som bij iedereen de mogelijk sterke en zwakke punten op, zoals ik dat ook altijd deed voordat ik de judomat op stapte. Alleen met Géza, Jan en Sef ga ik het op fysiek vlak zwaar krijgen, analyseer ik.

Ik heb het nodige voorwerk gedaan. Dagelijks stond ik op een evenwichtsbalk, die is in het verleden vaak opgedoken tijdens de Expeditie. Ik heb naar andere jaargangen gekeken.

Ook ex-schaatser Jochem Uytdehaage, deelnemer aan de Expeditie in 2011, en oud-hockeyster Fatima Moreira de Melo, winnares in 2012, heb ik gevraagd om tips. Fatima vertelde dat zij mij er als eerste uit zou stemmen. 'Jij bent als topsporter een bedreiging,' zei ze.

Fatima had de Expeditie benaderd als een pokerspel, allerlei verbonden gesloten en er schijt aan wat de hele wereld daarvan vond. Zo ben ik het niet van plan te gaan spelen. Maar ja, ik ben voordat ik een voet op het eiland heb gezet wel alweer als een topsporter heel fanatiek met mijn tactisch plan bezig.

De Expeditie begint met een proef, en die start nog voordat we voet op het eiland zetten. We moeten bewijzen hoe 'Robinsonwaardig' we zijn: zwemmen, vuur maken, klimmen, hardlopen, vieze dingen eten en puzzelen staan op het programma. Kortom: alle facetten die altijd voorbijkomen in het programma.

Ik eindig als derde vrouw, omdat ik grote moeite heb met het maken van vuur. Transgender Valentijn is de eerste vrouw en stijgt in mijn aanzien. Zimra wordt laatste en ik ben benieuwd wat er met haar gaat gebeuren. Moet ze naar huis? Zal ze in haar eentje moeten overleven in een grot? Daarna wordt bekend dat de groep wordt opgesplitst in een mannen- en vrouwenkamp, en dat maakt me ongerust.

Daar zitten we dan op een bountyeiland. Op tv en in mijn gedachten zag dat er zo aantrekkelijk uit. De eerste keer eten is vreselijk: rijst met heel veel zand. Tot overmaat van ramp begint het keihard te regenen. We hebben nog geen schuilplaats kunnen bouwen, maar het is al wel donker. Er komt maar geen einde aan de tropische bui. Ik ben drijfnat en we liggen op wat planken en touwen. Om warm te blijven kruip ik zo dicht mogelijk tegen mijn kampgenoten aan, die ik nog helemaal niet zo goed ken.

Ik word zo stijf als een plank wakker. Dag twee van de Expeditie: 31 mei 2013. Ik ben jarig. De anderen zingen me toe voor m'n drieëndertigste verjaardag. Toch voel ik me niet op m'n gemak. Waar ik al bang voor was, gebeurt: het grote profileren gaat gewoon door. De gesprekken gaan over seks met BN'ers, feesten, drugs en alle *places to be* in Amsterdam. Daar zit ík dan tussen. Ik woon in Rotterdam en in mijn leven hebben rust en regelmaat jarenlang de boventoon gevoerd; voor mij geen drugs, feestjes en seks met BN'ers. Leuke eettentjes kan ik ook niet opsommen, ik heb jarenlang calorieën geteld.

Ik verbaas me over Veronica, die zo gericht bezig is met de camera's. Als ze aanstaan acteert ze dat ze heel actief is, maar zodra de cameramensen weg zijn, doet ze helemaal niks. Bij mij is het altijd *what you see is what you get*. Ik heb me voorgenomen dicht bij mezelf te blijven en als de consequentie is dat ik er daardoor uit vlieg, dan is dat maar zo. Ik kan mezelf dan niets verwijten. Denk ik…

Ons wacht de tweede proef: de mannen tegen de vrouwen. We verliezen dik en ik onderga het gelaten. Veronica moest een stuk zwemmen, maar bleek erg veel last van haar schouder te hebben. De eilandraad wacht, één van ons zal worden weggestemd.

Teruggekomen op ons eiland verkiest Veronica meteen de slachtofferrol. Ze zegt dat ze het heeft verknald en dat ze het kan begrijpen als de anderen op haar stemmen. Dan begint ze te huilen. Subliem, maar door dit toneelspel prik je zo heen.

Dat heb ik dus verkeerd ingeschat. Een voor een beginnen de andere meiden ook te huilen. Eerst Valentijn, dan Sanne en zo het hele rondje af. Ineens deelt iedereen haar onzekerheden, bij sommigen voorzien van hysterisch gejank. Ik kijk er met open mond naar.

Terwijl de rest op de grond zit, sta ik er met mijn handen in mijn zij en mijn benen een beetje uit elkaar naast. Zo stond ik er op de judomat ook vaak bij. Dan ben ik op m'n mannelijkst en komt de topsporter in mij naar boven. Ik weet om te gaan met een nederlaag; dat kunnen die andere meiden duidelijk niet.

Ik ben heel direct tegen Veronica, stel haar vragen om duidelijkheid te scheppen. Als ik niets zeg, doet niemand het. 'Wil je dat wij op jou stemmen, bedoel je dat?' vraag ik. Ik krijg het antwoord dat ik verwachtte: ze wil helemaal niet dat wij op haar stemmen.

Ik maak me totaal geen zorgen over de eilandraad, ben gewoon de sterkste. Mij zullen ze toch nooit wegstemmen. Ik ben de enige die fysiek mee kan komen met de mannen; hoe gaan ze die gasten anders verslaan? Ik geef nog wel mee dat er op twee manieren gestemd kan worden: rationeel, dus met de gedachte hoe we die mannen kunnen verslaan en welke meiden het sterke team vormen, of emotioneel, en dan moet je kiezen voor de meiden met wie je het liefst een kop koffie wilt drinken. Ook al kan dat hier niet.

We spreken af dat we niet met elkaar zullen delen op wie we gaan stemmen, en ook dat er geen extra stemmen worden ingezet. Ik houd me keurig aan mijn woord, verklap niets en zet mijn extra stemmen, die we tijdens de eerste proef hebben kunnen bemachtigen, niet in. Ik ben een vrouw van mijn woord.

Een voor een zetten we de naam van degene die we naar huis willen sturen op een papiertje en stoppen die in een stembus. Ik schrijf 'Veronica' op het papier en verwacht dat de meeste meiden mijn voorbeeld zullen volgen.

Presentator Dennis Weening haalt het eerste papiertje uit de stembus. 'Veronica,' leest hij voor.

Het tweede papiertje. 'Edith,' klinkt het. Ik schrik op.

'Edith,' hoor ik opnieuw. Het voelt als een klap in m'n gezicht. Het zal toch niet?

De volgende stem is weer voor Veronica. De spanning loopt op.

Dennis vist het vijfde papiertje uit de pot. Opnieuw hoor ik mijn naam.

De zesde en laatste stem wordt voorgelezen. Ik houd mijn adem in. 'Edith,' hoor ik voor de vierde keer. Ik ben geschokt. Hoe kon ik zo naïef zijn? Dit is *Expeditie Robinson*, en dat programma staat bol van de complotten. Ik had beter moeten weten toen ik de fluisterende vrouwen met hun angstige gezichten zag. Achter mijn rug zijn er toch verbonden gesloten en ik ben het slachtoffer.

Dennis haalt nog een tweede stembus tevoorschijn. Een paar meiden hebben tegen de afspraken in extra stemmen ingezet. Ik hoor nog drie keer mijn naam.

Alleen Anna-Alicia heeft niet op mij gestemd, hoor ik als alle stemmen zijn geteld. Met haar heb ik een klik, zij is danseres en dat is hetzelfde als topsport. Sanne, Valentijn, Veronica en Geraldine zeggen dat ik stil ben, me afzijdig heb gehouden. 'Met jou heb ik de minste klik.' Ik hoor ook nog dat ze denken dat ik wat mij ook te wachten staat wel overleef, en dat ze daarom op mij hebben gestemd.

Het is 'maar' een spel, maar het is verdomd moeilijk om het

zo op te vatten. Bij elke briefje met de naam Edith dacht ik: ik ben dus niet leuk genoeg. Ik ben eigenlijk door een hele groep afgekeurd. Dat ze mij, de sterkste van de vrouwen, wegstemmen, kan ik simpelweg niet bevatten, net als dat ze zich niet aan hun woord hebben gehouden.

Met gym was het verschrikkelijk als je als laatste werd gekozen. Dat was altijd de nerd die niet eens een bal kon vangen. Nu ben ik ineens het buitenbeentje, het meisje op het schoolplein dat in haar eentje in het hoekje staat, dat geen vriendinnetjes heeft. De publieke afwijzing raakt me ontzettend. Ik wil op hen stuk voor stuk een paar verwurgingen uit het judo loslaten. Ik moet eigenlijk huilen, maar dat gun ik ze niet. Niet waar zij bij zijn.

Wat gaat er nu met me gebeuren? Moet ik naar huis? Of moet ik naar een ander eiland? Dan komt de boodschap dat in het mannenkamp Negativ na twee dagen uit eigen wil zal vertrekken. Hij is mijn reddingsboei. Maar moet ik er blij mee zijn? Ik moet verder met de meiden die me hebben weggestemd. Dat is niet alleen voor mij confronterend, zie ik aan hun gezichten.

Na de eilandraad moeten we een stukje lopen over strand en door bos naar een plek waar we de nacht door zullen brengen. Ik ben misselijk van het inhouden van mijn tranen, mijn ogen prikken. Tijdens de wandeling begint Valentijn hysterisch te janken. Ze kunnen het niet maken dat we ook nog moeten lopen, vindt ze. Ik denk: ga je nou huilen omdat je een stukje moet wandelen door de bush? Als er één recht heeft om te huilen, ben ik het.

Bij de slaapplaatsen zonder ik me af, ik ga in een donker hoekje staan en laat eindelijk de tranen komen. Ik lig de hele nacht wakker. Het blijft malen in mijn hoofd. Waarom vat ik de eilandraad zo persoonlijk op?

De volgende ochtend ben ik kapot. Vannacht heb ik nagedacht over hoe ik nu verder moet. Wat wil ik uit deze Expeditie halen? Het antwoord is simpel. Ik wil alles meemaken tot het einde. Ik besef dat mijn topsportmasker en hardheid mij hier niet verder zullen helpen. Ik besluit meer van mezelf bloot te geven en ga praten met alle meiden.

Als ik vertel dat ik niemand iets kwalijk neem, zie ik de opluchting bij hen. En wat de sfeer helemaal ten goede komt, is dat we de volgende proef winnen van de mannen. Geen eilandraad. Ik word omhelsd door de meiden die me eerder nog hebben weggestemd. Ik heb de kans gekregen om meer van mezelf te laten zien. Het resultaat is dat ik echt verbinding met ze maak.

Op dag zeven van de Expeditie wordt een herverdeling gemaakt. Daar zijn chef-kok Robert Kranenborg en ex-model en presentatrice Paulien Huizinga verantwoordelijk voor, die al een tijdje stiekem op een ander eiland hebben meegekeken. Aan hen de taak om ons onder te verdelen in twee teams.

Ik kom in het team van Robert. De ploeg bestaat verder uit Kees, Hans, Sanne en Valentijn. Robert zegt meteen dat hij het team om mij heen heeft gebouwd. Hij wilde per se een topsporter in z'n ploeg hebben, omdat die gewend zijn aan discipline en weten wat het is om de grenzen op te zoeken. Ik ben vereerd dat hij het zo openlijk zegt: die egoboost heb ik even nodig.

Waar ik vooral blij mee ben, is dat ik in een team kom met Kees Boot en vooral Hans Ubbink. Met Hans had ik op Schiphol een kwartier in de slurf naar het vliegtuig gesproken en ik voelde me meteen op m'n gemak bij hem.

De gesprekken tussen Hans en mij gaan al snel de diepte in. We hebben het over de transitie die ik aan het maken ben van topsporter naar 'normaal' mens. Hans slaat geregeld de spijker op z'n kop. 'Jij bent binnen de Expeditie bezig met Expeditie Edith,' zegt hij. Hij heeft gelijk.

Tijdens een proef met mijn nieuwe team komt het slechtste

opnieuw in mij naar boven, omdat we voor mijn gevoel aan het verliezen zijn. Als een viswijf ga ik tekeer. Het spel draait om een grote zware bal die we heen en weer moeten trekken. Ik word heel onaardig, wil per se winnen. Ik merk dat sommigen in ons team willen opgeven, en dat accepteer ik niet. Als het samen niet lukt, doe ik het wel alleen. Robert wordt het te veel, hij roept: 'Edith, je moet nu echt normaal doen.' We winnen de proef en na afloop maak ik met het schaamrood op de wangen excuses voor mijn gedrag.

Hans denkt dat die oogkleppen me hebben geholpen als sporter, maar dat die ongekende focus in het normale leven enorm tegen me kan gaan werken. Hij zegt dat het niet erg is om fouten te maken. 'Je ligt niet meteen op je rug en je bent niet meteen uit. Het gewone leven is geen wedstrijd.'

De zoektocht naar mezelf gaat op het eiland in alle hevigheid door. Ik heb zeeën van tijd om mijn hele leven de revue te laten passeren. Door de honger worden, zoals ik verwachtte, mijn emoties uitvergroot.

Ik breng urenlang in mijn eentje door in de zogenaamde dagboekkamer, die bestaat uit een hok van een paar houten planken, om te biechten. En maar praten tegen de camera die ik zelf steeds aanzet. Liters tranen vloeien er, terwijl ik mijn hele leven de revue laat passeren. Ik vertel honderduit over mijn jeugd, over de breuk met Merel. Ik praat over mijn gestrande relaties met Mark en Peter; realiseer me opnieuw dat ik dat anders had willen aanpakken. En ik besef ook dat ik veel te weinig van mijn familie heb genoten.

Ik huil op het eiland vooral veel om mijn moeder. Ooit was ze mijn steun en toeverlaat, maar sinds de bom barstte in 2007 staan we geregeld lijnrecht tegenover elkaar. De emmer zit van de kant van mijn ouders nog steeds vol; bij het minste of geringste stroomt hij weer over. Laatst was mijn moeder weer boos om iets wat ik had geroepen, ik weet niet eens wat. Ze stond op en liep weg. Ik was er zo klaar mee dat ik in de auto ben gestapt en ben weggegaan. Onderweg had ik al spijt, ik had moeten blijven zitten, maar deed wat ik vaak heb gedaan als het moeilijk werd: ik liep weg. Ik baalde dat het opnieuw verkeerd was gegaan. Thuis heb ik mijn vader en moeder meteen gebeld.

Mijn moeder zei toen ik haar aan de lijn had: 'Als ik geweten had dat jij zo zou worden door topsport, dan had ik het je verboden.' Het judo is voor haar de verklaring van mijn gedrag. Na afloop zat ik te huilen op de grond met mijn rug tegen de bank.

Op het eiland weet ik één ding heel zeker: ik wil dit niet meer. Ik wil ook gewoon een goede band met mijn ouders, maar we zitten in een vicieuze cirkel en hebben hulp nodig om daaruit te komen. Er moet echt iets gebeuren.

Mijn hele leven ben ik al op zoek naar de bevestiging van mijn ouders. Ik wil dat ze trots op me zijn. Ik heb heel erg op hen geleund, maar heb ze dat nooit verteld. En nu ik in mijn eentje op het eiland zit, mis ik ze verschrikkelijk. Ik wil zo graag met ze praten, hun vertellen hoeveel ik van ze hou. Alles wat ik hun verwijt, valt weg. Ik besef nu pas hoe belangrijk ze voor me zijn.

Tegelijkertijd ben ik tijdens de Expeditie bezig om afscheid te nemen van de topsporter in mij, en ook dat is niet eenvoudig. Nadat ik een krachtproef verlies, waarbij ik zelfs een band in mijn elleboog scheur, storm ik huilend de berg op het eiland op. In mijn hoofd had ik deze proef moeten winnen, maar de realiteit is dat ik al 12 kilo aan spiermassa ben verloren sinds ik aan de Expeditie ben begonnen. Mijn lichaam kan ineens niet meer wat het jarenlang heeft gekund.

Ik kijk uit over het eiland en de blauwe zee en laat mijn tranen de vrije loop. Het hindert me niet dat er een camera op me gericht is en dat dus heel Nederland mee kan genieten.

Kees komt hijgend de berg op om me te troosten. Hij slaat zijn arm om me heen. Ik breek opnieuw.

Ik vind het enorm jammer dat ik na drie weken afscheid moet nemen van Hans, met wie ik een innige vriendschap heb opgebouwd. Hij is weggestemd. Daarna vliegt Zimra eruit. In een rechtstreeks duel weet ik vervolgens Kees te verslaan.

Ik ben alleen nog over met Anna-Alicia en Geraldine. Opnieuw sta ik in een finale, maar ditmaal wel een heel andere. Ik heb op het eiland vier weken lang vooral strijd gevoerd tegen mezelf.

Het is dag 32 van de Expeditie, het regent twee uur lang heel hard en we maken ons ondertussen op voor de finale en het vertrek van het eiland dat een maand lang mijn hele wereld is geweest. 'Het boek topsport is dicht, de eerste pagina van het nieuwe leven heet *Expeditie Robinson* en die is voor mij goud waard,' zeg ik tijdens mijn laatste bezoek aan de dagboekkamer. 'Nu de finale nog. Er kunnen nog diamantjes op.'

Dan komt de loodzware, allesbeslissende proef om de eindzege, waarbij we moeten puzzelen, vuur maken, zwemmen en rennen. Ik heb tijdens de Expeditie nog geen individuele proef gewonnen, ben tal van keren tweede geworden. Maar als ik dan toch een proef moet winnen, doe dan maar de laatste, denk ik voor we beginnen.

Anna-Alicia neemt al snel de leiding tijdens de finale. Het doet me niets, ik blijf gefocust. Beetje bij beetje loop ik in. Voor het laatste onderdeel van de finale moeten we met een houten stok met aan elk uiteinde een emmer over een balk lopen. Het water in de emmers moet in een grote bak worden gegooid, maar in die emmers zitten gaatjes. Wie het eerst een grote bak aan het einde van de balk vol heeft, wint de Expeditie.

Het is heel spannend, alle drie lopen we met de emmers over de balk. Ik heb mijn gedachten uitgeschakeld, blijf maar gaan. Ik heb in mijn leven al een keer meegemaakt dat ik ging denken aan de overwinning, dat was in de olympische finale van 2004. Dat kostte me olympisch goud.

Ineens begint de grote houten R die in zee staat te branden. Het dringt niet tot me door, ik ren alweer terug om de emmers opnieuw te vullen. 'Edith wint!' roepen ze tegen me. Ik kijk op. Ik doe mijn armen in de lucht, doe een judorol in het zand en blijf languit op het zand liggen. Ik juich, gil zo hard als ik kan, lach en huil tegelijkertijd. De ontlading is zo puur, is nog mooier dan toen ik in 2005 wereldkampioen werd in Cairo.

Geraldine en Anna-Alicia zijn teleurgesteld omdat ze zelf niet hebben gewonnen, maar komen meteen op me af om me te feliciteren. We omhelzen elkaar.

Met de overwinning komt een einde aan Expeditie Edith. Ik mag naar huis, maar wel in de wetenschap dat ik in een maand tijd voor mijn gevoel tien jaar ouder ben geworden. Als sporter heb ik dan geen olympisch goud gewonnen, maar ik heb voor mijn gevoel met de Expeditie wel goud gewonnen als mens.

Wat heb ik er een emotionele, maar ook mooie tijd gehad. Ik ben er tot rust gekomen, weet wat ik wil met de rest van mijn leven en accepteer mezelf. Ik ben trots. 'Ik wil de eilanden waar ik op heb gezeten ontzettend bedanken voor wat ze bij mij teweeg hebben gebracht en ik ga dit avontuur mijn leven lang koesteren,' zeg ik voor we in de boot stappen die ons terugbrengt naar de bewoonde wereld. Nooit had ik verwacht dat de Expeditie dit teweeg zou brengen bij me, maar wat ís die op een goed moment gekomen.

De ui is afgepeld, ik heb een streep gezet onder de eerste drieëndertig jaar van mijn leven en kan verder met deel twee. Ik heb de identiteit van de topsporter Edith achtergelaten, de mens Edith blijft over. Ik accepteer mijn plussen en minnen. Dit is wie ik ben. Meer kan ik er niet van maken. Hiermee moet ik, moet iedereen, het doen. Ik weet het, ik ben niet perfect, maar daar heb ik vrede mee.

EPILOOG

2016

De echte Edith

Ik was al een paar maanden terug uit Maleisië toen de tv-uit-zendingen van *Expeditie Robinson* begonnen. Al die tijd had ik op m'n tong gebeten, zelfs mijn ouders en zussen wisten niet dat ik had gewonnen.

Hoeveel impact deelname aan de Expeditie heeft, merkte ik al snel. Er keken wekelijks gemiddeld een miljoen mensen naar het programma. Op social media regende het vanaf aflevering één reacties. Iedereen vond ineens iets van me en liet dat via Twitter en Facebook blijken. Op straat werd ik achtervolgd door gillende meisjes. Toen bleek dat ik had gewonnen, was het helemaal een gekkenhuis. Ik was nog dezelfde avond te gast bij Humberto Tan in *RTL Late Night* en mijn telefoon stond da-genlang roodgloeiend. Pers, mensen die ik jarenlang niet had gezien of gesproken; iedereen belde of stuurde berichtjes.

Het voelde alsof ik olympisch goud had gewonnen. Niet als sporter, maar als mens. Toen de storm na een paar weken was gaan liggen, kon ik aan mijn nieuwe leven zonder topsport be-ginnen. Ik dacht nog dat ik de routine van elke zondagochtend vroeg op om te sporten vol zou blijven houden. Maar de eerste zondag na de Expeditie draaide ik me om negen uur 's och-tends nog eens lekker om. Het heilige moeten was weg.

Mijn ogen werden ineens geopend. Wat had ik al die jaren in

een kleine wereld geleefd. Waarom had ik judo al die tijd zo vreselijk belangrijk gevonden? Mijn wereld verging voorheen als ik verloor. Maar wat stelde dat judo nou eigenlijk voor? Ik heb ervoor gekozen heel bewust afstand te nemen van datgene wat zo lang mijn leven had beheerst. Ik moest er los van komen, de ader doorsnijden. Al snel was judo geheel uit mijn systeem verdwenen.

Ik heb mijn ex-coach Chris, de man die ik tussen mijn achttiende en drieëndertigste bijna dagelijks zag, na mijn afscheid niet meer gezien of gesproken. Had ik geen behoefte aan. Als judoka leerde ik heel veel van hem, maar op menselijk vlak waren we tegenpolen. Tijdens het schrijven van dit boek heb ik hem gebeld. Het gesprek met hem was veel leuker dan ik had gedacht.

Met Marjolein had ik meer contact nadat ik stopte. Ze belde me geregeld, stak heel lief haar hand uit om me te helpen met mijn nieuwe leven als ex-topsporter. Maar ik hield de boot af. Ik had geen zin in gesprekken over judo, dat was immers de bindende factor. Pas sinds Marjolein in 2015 is gestopt als bondscoach, is het contact intensiever.

Met Cor heb ik een paar goede gesprekken gehad. Hij had zijn zoons Dennis en Elco ook afscheid zien nemen van het judo. Met hem kon ik heel goed praten.

Ik hoor wel dat sporters zeggen dat ze nooit meer dezelfde adrenalinekick of euforie voelen nadat ze zijn gestopt. Dat heb ik helemaal niet. Nee, er gaat niets meer zo spannend zijn als een olympische finale. Maar ik ben nu zoveel gelukkiger dan toen ik judoka was. Ik zat toch gevangen in het keurslijf van topsport. Eigenlijk heb ik het zwarte gat al tijdens mijn carrière meegemaakt. Als ik foto's van mezelf zie tijdens mijn loopbaan, dan zie ik de druk en de verkramping. Nu zit ik zoveel lekkerder in mijn vel. Het enige wat ik soms echt mis is het fysieke van judo; lekker stoeien.

Dat ik op mijn dertigste tegen de lamp liep, is achteraf een openbaring geweest. Het klinkt cliché, maar ik heb het licht gezien. Met dank aan mijn familie, vrienden en lifecoach Martijn.

De driewekelijkse sessies met Martijn zijn voorbij, al laat ik me nog steeds af en toe coachen. Ik ben erachter gekomen dat het leuk is om een coach te hebben die mij helpt bij mijn ontwikkeling. Elkaar inspireren en verder helpen; prachtig.

Ik was zo onder de indruk van de grote stappen die ik op persoonlijk vlak heb gemaakt dat ik, geïnspireerd door Martijn, besloot zelf coach te worden. In 2013, twee jaar na ons eerste gesprek, ben ik via Martijn met een opleiding begonnen en die heb ik na tweeënhalf jaar afgerond. Ik help graag mensen hun kracht te vinden. Dat ik daar op de achtergrond een stuk aan kan bijdragen, is puur goud.

Ik zie dagelijks mensen die zichzelf willen profileren. Als ik mensen met zo'n grote bewijsdrang zie, denk ik: zo was ik ook. Het is zo vermoeiend om niet jezelf te zijn, daar weet ik alles van. Zoveel mensen verschuilen zich achter een masker. Ik wil mijn verhaal graag delen om anderen te laten zien dat dat niet hoeft. Ik wil mensen inspireren en uitdagen zich niet langer voor zichzelf te verstoppen.

In de liefde ging ik over lijken, dat heb me inmiddels wel gerealiseerd. Koste wat kost wilde ik het plaatje bereiken dat ik voor ogen had. Dat was zo bij het veroveren van Mark. Maar ook tijdens mijn relatie met Peter moest het gaan zoals ik wilde.

Waar ik mij het meest voor schaamde, heb ik gedeeld: ik heb Peter opgebiecht dat ik in Brazilië ben vreemdgegaan. Dat had ik waarschijnlijk nooit gedaan als dit boek er niet was gekomen. Wat was ik zenuwachtig en wat voelde ik mij kwetsbaar. Het werd een heel waardevol gesprek. Peter was niet verrast en heel realistisch. Hij zei: 'Niemand is perfect. Ik wist dat je in de war was en dat iedereen dan tot zoiets in staat is. Het belangrijkste voor mij is dat je in die zes jaar daarvoor altijd met mij mee naar huis ging.'

De liefde is geen wedstrijd, zie ik tegenwoordig in. Ik geloof er echt in dat de liefde me op een dag vanuit het niets zal overkomen, ik wil het niet regisseren. Ik heb inmiddels ervaren hoe het is om vol overgave en zonder angst lief te hebben en dat is het mooiste wat er is.

In 2014 is Suzan getrouwd. Met haar, mijn moeder en Karen ging ik mee naar Alkmaar om de bruidsjurk uit te zoeken. Arm in arm liepen we na het passen van de meest fantastische jurken met z'n vieren naar een brasserie om te lunchen. Suzan vroeg: 'Vind je het niet vervelend dat jij dit allemaal nog niet hebt?' Ze doelde op een man en kinderen. 'Jij bent van ons de enige die dat nog niet heeft,' verduidelijkte ze.

Ik zei dat ik bewust had gekozen voor topsport. 'Door de topsport ben ik op sommige vlakken heel ver. Ik kan goed met druk omgaan, ben erg gedisciplineerd, weet wat hard werken is en ben gewend met tegenslagen om te gaan. Op die vlakken ben ik misschien verder dan veel mensen in hun leven ooit zullen komen. Maar op andere gebieden heb ik het gevoel dat ik vijfentwintig ben en loop ik juist ver achter op mijn leeftijdgenoten. Zo ook als het om de liefde gaat. Ik ben het leven nog aan het ontdekken en heel blij met het leven dat ik nu leid.'

Ik vind mezelf een leuk, lief iemand en dat heb ik heel lang niet gevonden. Ik ben nu fluffy Edith. Ik ben oprecht geïnteresseerd in mensen. En ik hanteer het harmoniemodel, op momenten dat ik vroeger de strijd was aangegaan.

Ik ben nu de vrouw die ik diep vanbinnen altijd al was, maar die ik een tijd heb verstopt. Ik ben trots dat ik die Edith weer heb gevonden en ben gelukkig.

De relatie met mijn ouders is veel beter. Toen ik na de Expeditie terugkwam in Nederland en in Amsterdam ging wonen, wist ik één ding zeker: ik wilde een goede band met mijn vader en moeder. We hebben uiteindelijk de hulp van een mediator ingeschakeld. Ik ben zo trots op ons dat we samen dat proces zijn aangegaan.

Toen ik vertelde dat ik een boek wilde schrijven over het eerste deel van mijn leven, waren mijn vader en moeder niet meteen enthousiast. 'Ik heb toch 39 plakboeken van je?' zei m'n moeder.

Maar de woorden en prestaties van de judoka Edith zijn niet meer dan een omhulsel. Niemand kende intussen de echte Edith. Sterker, die heb ik zelf ook heel lang niet gekend.